イラストで学ぶ

認知科学

An Illustrated Guide to Cognitive Science

北原 義典 著 *Kitahara Yoshinori*

JN046971

講談社

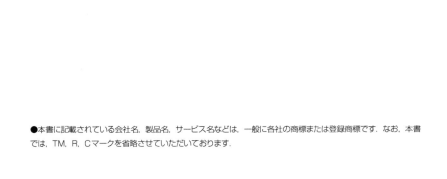

まえがき

　私は，学生時代を総合科学部というところで過ごした．同学部は，従来の文学部や理学部，工学部のような縦方向体系の教育・研究組織ではなく，横方向に体系を広げる，いわゆる学際研究を進めるタイプの組織であった．所属する学生は，地域文化や環境科学のようにいくつかの学問にまたがる教育を受けたり研究をしたりするようにカリキュラムが組まれていた．この種の学部は今でこそいくつか見受けられるが，その先駆けのような存在であった．そのような環境で，私自身は情報行動科学を専攻し，当時ユニークだった，認知心理学，数理心理学，集団力学，行動科学実験，異常行動論，神経生理学，数理言語学，コンピュータサイエンスなどの科目履修を経て，人間行動をマルコフ過程でモデル化したり，認知過程をコンピュータで模擬したりするなどの研究をしていた．つまり，本書で紹介する行動主義と反行動主義の両方のアプローチを学んだわけである．このような背景から，電機メーカーに入社後，音声認識，音声合成，言語処理，ユーザインタフェースの研究を担当し，人間研究とその工学応用をテーマにここまでやってきた．また，仕事の傍らいそしんできたマジックでも，人間の認知特性を利用したものが実に多く，認知科学という分野に一層興味をかきたてられた．

　時はさらにさかのぼるが，1970年に開催された大阪万博は私にとって衝撃的なものであった．とりわけ，IBM館で電子計算機というものに初めて触れ，強い興味を覚えた．そのとき何に好奇心を抱いたかというと，それは，無機物にどうして思考のようなことができるのだろうということである．無機物としての電子計算機は実はスイッチの塊である．つまり縦横に張り巡らされた電線の，各格子点にあるフェライトコア内の電流の向きが変わるだけのことであると後に知って，落胆するとともに，要するに私たち人間の判断や記憶も，結局はそういうことなのかもしれないとうすうす感じたものだ．ちょうど同じころにテレビの歌番組で，やはり電子計算機とライトペンを使った恋人占いをやっていたが，確かに，質問にYes，Noで答えていけば，適切な恋人がスイッチではじき出されるのだと納得した．このような判断処理は外からは「思考」にみえるのだが，真の意味での「思考」ではない．では，思考とは何なのだろうか？　そこに自己の感情は関与するのだろうか？　自己とは何なのか？　感情とは何なのか？　そんな疑問が次々とわいてくるが，大学時代，会社時代，大学勤務時代での研究や教育などの経験を通して，こういった人間の心的活動に関してわかったことはほんのわずか

な片りんでしかない．ただ，人間の特性を含め，特に情報処理というプロセスの中で体系的にこれらに関する知見が整理でき，また，研究アプローチも身についた．実は，認知科学の登場と私の誕生がちょうど時を同じくしており，そういう縁もあって，これまで歩んできた学際の道で得られた知見および研究，教育の集大成として筆をとった次第である．

　本書は，認知科学について体系的に整理し，イラストを用いてわかりやすく解説した入門書であり，教科書に必要な，全体把握の容易さ，正確さ，詳しさに加え，楽しさを備えている．特徴として，

(1) 認知科学の全体が幅広くかつ体系的につかめるようにした．しかも，各項目については内容を極力詳細に解説しており，「広く深い」書とした．

(2) 認知科学の，コンピュータサイエンス的側面，実験心理学的側面，神経科学的側面，言語学的側面に加え，哲学の側面もとりあげた．

(3) 数理工学モデルも含め，認知プロセスのモデルを多く紹介した．

(4) 講義で使われることを意識し，15の章から構成した．

があげられる．

　本書では，認知科学のスコープとして，感覚，知覚・認知，記憶，注意，知識，問題解決，意思決定，創造，言語理解，情動，社会的認知，コミュニケーションを設定し，さらに，トピックとして錯覚および脳もとりあげた．ただ，読み進めていただくとわかるように，これら各章の項目は相互に関連しあっており，完全には分離できないものであることは承知いただきたい．読者のみなさんが認知科学の全体をつかむことに本書が寄与できることがもちろん本望であるが，それに加えて，人間の内的メカニズムやプロセスの神秘性を味わっていただき，人間の素晴らしさを再認識いただければこのうえない喜びである．

　最後に，本書発行の機会を与えてくださった（株）講談社サイエンティフィクの横山真吾さん，読者の視点に立ち丁寧に編集してくださった同社の秋元将吾さん，議論いただきました立命館大学の北岡明佳教授，（株）日立製作所の牧敦さん，国立せいさく所の隈井裕之さん，LINE(株)の戸上真人さんに深く感謝いたします．

2020年10月

著者　北原義典

認知科学概論

認知科学とは，人間の心を明らかにする学問といわれる．心という表現はいささか文学的と思われるかもしれないので，心的活動プロセスといった方がいいだろう．ではそれは，具体的にはどんなことを研究する分野なのだろうか？　心理学なのだろうか，それとも脳科学なのだろうか？　本章では，認知科学とはどういう学問分野なのか，どのように生まれどんな道をたどってここまできたのか，どのような手法があるのかなどを，先駆者たちの思いを紹介しつつ探っていく．

1 認知科学

　認知科学とはどういう学問なのだろうか．飛んでいる物体を蝶と認知する，あるいは，生まれてきた新生児を自分の子供だと認知するなど，認知とは，通常，対象物がどういうものであるか解釈し認めるという意味に使われるが，認知科学の研究を眺めてみると，必ずしもこのような一般的な意味での認知に関する研究だけではない．認知科学について，アメリカの認知科学者であり教育学者であるガードナーは，著書の中で，「認識論上の問題に答えようとする，経験に基礎をおいた試み」と定義し，知識の性質，その構成要素，その源泉，その発展の利用にかかわるとしている．さらに，認知科学の特徴として，①心的表象を扱うこと，②コンピュータがモデルとして重要な役割を果たすこと，③感情・情動，歴史・文化的要因，文脈の役割はスコープ（守備範囲）から外すこと，④学際的分野であり，いずれ統合化されること，⑤西欧哲学の中で扱われてきた問題であることをあげている．これについては，異論を含めさまざまな意見があるが，その後の認知科学発展のベースになっていることは間違いない．心的表象とは，人間の脳内を情報処理システムとしてとらえたとき，そこでやり取りされる情報の表現形式のことである．例えば，学校という事物は，ある人の心的活動のプロセスの中で，/学校/という文字列で表現されているものかもしれないし，あるいは，その人の通う大学の建物のイメージかもしれない．あるいは，授業風景かもしれないし，全くその人にはわからない記号列かもしれない．

　その後，アメリカの認知科学者スティリングスが「複雑システムとしての人間の心の研究」としたり，カナダの哲学者サガードが「人間がどのようにしてさまざまな思考を成し遂げているのかの解明」と定義したりしているが，日本の認知科学者鈴木宏昭や，橋田，安西らをはじめとする多くの研究者は「決まった定義がない」としており，あえて定義する必要もないというのが現在のコンセンサスであろう．ただ，心を扱うということ，その活動プロセスを情報処理システムとしてとらえること，1.4節で解説するモデル化を軸とすること，学際科学であることは，共通項として認識されている独特の分野である（図1.1）．もちろん，モデル化はコンピュータによるものとは限らない．認知科学には，実験心理学，神経生理学，コンピュータサイエンス，言語学，数学，哲学をはじめさまざまな分野から多くの研究者が取り組んでいる（図1.2）．このように，ある研究対象に対し，多面的に多様性をもって解明しようとすることは，学問の発展にとって極めて重要な姿勢である．

認知科学は，極言すれば「人間の認知機能は計算可能か？」を探る学問分野といえる．筆者は，認知科学を「心的活動のプロセスやメカニズムを，情報処理という観点から学際的アプローチにより解明しようとする学問分野」ととらえている．プロセスやメカニズムをモデル化する例も多い．もちろん，前述のように，研究者によってとらえ方はさまざまであり，これは本書の中での定義である．ここでいう心的活動には，冒頭で述べた認知の他にも，ある問題に対する解を求めたり，他人の心のうちを推し量ったり，いくつかの選択肢に対して決断したり，抽象的概念について考えたり，新しいアイデアを生み出したり，喜んだり悲しんだりするなど，心の中で行われる数々の活動が含まれる（**図1.3**）．

図1.1 認知科学に対する共通認識

・心を扱う
・その活動プロセスを情報処理システムとしてとらえる
・モデル化を軸とする
・学際科学である

図1.2 認知科学は学際的研究分野

実験心理学　哲学　数学　認知科学　言語学　コンピュータサイエンス　神経生理学

図1.3 心的活動プロセスを明らかにする認知科学

心的活動

認知科学

心的活動のプロセスを情報処理システムとして捉えられないだろうか？

モデル化など

処理プロセスの中で心的表象がやり取りされる

アゲハ蝶だ！捕まえよう

どうやって移せばいいだろう？

亜美さんだ！オレのこと，どう思っているんだろ？

平和とは？

心的活動プロセスの中でやり取りされる情報の表現形式が，心的表象なのか．

心的活動のプロセスやメカニズムを，情報処理という観点から，学際的アプローチによって解明しようとする学問が認知科学なのか．

2 認知科学のたどった道

心とは何か，心はどこにあるのか，知とは何か，ことばとは何か．こういった問題は，すでに紀元前の西欧哲学で扱われていた．古代ギリシアの哲学者ソクラテスは，知についてプラトンと問答を繰り返していた．シミアスは同じくソクラテスとの問答で，思考は計算であると主張した．医学者ヒポクラテスは，心は脳にあると考えた．プラトンは「死とは肉体からの心の分離である」とした．プラトンは「知識は実在するものではなく，人間の精神の中に理念的に存在するものである．よって，知識は感覚を通じてではなく推論によって到達するものである」とも述べている．アリストテレスは，三段論法（7.3節参照）を用いて物事を分類した．認知科学の萌芽はこのころにすでにあったといえる．

西暦1600年ごろになると，フランスの哲学者デカルトが精神と肉体は全く別物であるという**心身二元論**を説いた．これに対し，上述の心は脳にあるといった，精神は身体にあるという考え方を**心身一元論**という．デカルトは，自分には自分が考えているかどうかだけわかるとし，人の心は外からはわからず，心は**内観法**によってのみ知ることができるとした．内観法は，人間が頭の中でどう考えどう処理をしたのかを客観的に観察するという分析方法であり，考えた内容を報告させたり記述させたりするなどの手法がある．

ドイツの生理心理学者ヴントは，実験を重要視した人間研究を行った．彼は，物質が原子や分子からなるように，人間の心的活動プロセスもいくつかの要素から構成されるという**構成主義**を築いていった．そのため，心的活動プロセスを明らかにするためには，内観法によりもこれら構成要素を分析することが重要であるとした．同じころ，スイスの言語哲学者ソシュールは，言語は対象とその記号表現という構造をもっていると主張した．この考え方は現代言語学の基盤になっている．

一方，第一次世界大戦前のアメリカでは，ヴントの構成主義と対立する立場のアメリカの心理学者ワトソンが内観法を否定し，心的活動プロセスの反映である行動を観察するという客観的な分析手法を用いるべきだという**行動主義**を提唱した．行動主義には，犬の条件反射で知られるロシアの生理学者パブロフの研究が大きな影響を与えた．やがて，**刺激**と**反応**の結合を重要視する行動主義は勢力を拡大していった．

ところが，1950年を過ぎたころから，人間をブラックボックスとして刺激と行動の関係をみるだけでは心的活動プロセスはみえず，内面の分析やメ

カニズムのモデル化が不可欠だと主張する行動主義批判が広がった．このころ，人間の言語活動プロセスを普遍的にモデル化しようとしたアメリカの言語学者チョムスキー，コンピュータによる定理の自動証明を実現した人工知能（以降，AI）学者ニューウェルとサイモン，短期記憶の容量を測定しようとした認知心理学者ミラーなど，さまざまな分野において行動主義を批判する研究者が次々と登場した（反行動主義）．彼らによって，認知プロセスの情報処理モデル化の試みが進み，行動主義は一気に衰退することになる．これを機に，認知心理学者ナイサーが認知心理学を，続くガードナーが認知革命の概念を打ち出し，認知心理学や認知科学の時代の幕が開いた（図1.4）．

図1.4　認知科学萌芽からの流れ

アリストテレス
「感覚・感情の座は
心臓にある」
「ソクラテスは人間
である．人間は死ぬ，
ゆえにソクラテス
は死ぬ」
（三段論法）

プラトン
「死とは肉体からの心
の分離である」

ヒポクラテス
「心は脳にある」
（心身一元論）

ソクラテス
「自分は自分が無知であること
以外，何も知らない」

シミアス
「思考は
計算である」

0001 年

1800 年

デカルト
「自分には自分が考えて
いるかどうかだけわかる」
「心は内観法によってのみ
知ることができる」
（心身二元論）

ヴント
「心的過程もいくつかの要素から
構成されるのであり，その分析には
内観が重要だ」
（構成主義）

ソシュール
「ことばはモノとの
関係ではなく，
概念の差異から
生まれる」

1900 年

1950 年

ワトソン
「内観法は曖昧であり，
客観的で観察可能な行動を
みるべきだ」
（行動主義）

チョムスキー
「言語は数学モデルによって
生成可能である」
（反行動主義）

認知科学の芽は紀元
前からみられていた
けど，本格的に興っ
たのは行動主義への
批判が沸き起こった
ころなのか．

ニューウェルとサイモン
「コンピュータによる
定理の自動証明」
（反行動主義）

ミラー
「短期記憶の容量測定
（マジカルナンバー 7±2）」
（反行動主義）

ガードナー
「認知革命」
（反行動主義）

ナイサー
「認知心理学」
（反行動主義）

5

3 認知科学研究の方法

　ここまで述べてきたように，学際的アプローチであることが認知科学の大きな特徴である．そのため，心的活動の解明に関する主な研究方法には，大まかにいえば以下のアプローチがみられる（**図1.5**）．

　(1) 哲学的アプローチ：「心とは何か？」「心はどこにあるのか？」など，対話を行ったり自分に問うたりして論理的に考察することによって，主張を固めていく．例えば，ソクラテスはシミアスやプラトンなどとの問答を通じて，知識とは何か，思考とは何かなどを探った．

　(2) 実験心理学的アプローチ：適切な実験系を構築し，さまざまに条件を変えた刺激を入力して，出力としての感じ方，すなわち**感覚量**を測定することにより，心的活動をモデル化していく．例えば，3.6節で紹介するような，角度を変えた図形を見せ元図形と同一か否かの判断に要する時間を計測して，頭の中での図形の回転が実図形の物理的回転と類似した作業であることを確認した実験などが好例である．モデルの安定性を高めるために，実験協力者数を増やしたり，入力する刺激数を多くしたりするなどの工夫が加えられる．また，行動主義衰退後は，内観法や**プロトコル解析**を取り入れることも多くなっている．プロトコル解析は，実験中に頭に思い浮かんだことなどを実験協力者にリアルタイムに発話させ，その記録を実験経過と対応付けて解析する手法である．教育心理学者の守は，最近の認知に関する実験心理学について，仮説検証型実験よりもある特定の現象についてのメカニズム探求によるモデルの構築が重要視される傾向にあることを指摘している．

　(3) 神経生理学的アプローチ：刺激を与えて起こる生理的変化を測定することにより，神経系活動を中心にモデル化していく．筋電図，誘発電位などの伝達電気信号の測定方法や，脳磁図計測法，脳波記録法，磁場による血流計測法，光による血流計測法などの脳神経活動測定方法がある．動物実験では，脳の損傷実験や脳刺激実験によるアプローチに加え，解剖学的アプローチもある．

　(4) 数理工学的アプローチ：心的特性や心的活動プロセスをフローチャートやプログラム言語で記述しコンピュータ上で再現する．ニューラルネットなど脳の神経回路を模倣した認識プログラムはその典型である．コンピュータによる形態素解析処理（10.8節参照）や，前節で触れたコンピュータによる定理の自動証明もこのアプローチの好例である．また，入力としての刺激に対する反応を関数としての数式でモデル化することもある．例えば，神

経細胞における発火のパタンを数式で表したり，利益・損失の大きさとそれに対して感じる価値のパタンを数式で表現したりする．変数の値や重みの値を変えることにより挙動を予測することが可能になる．

（5）**言語学的アプローチ**：刺激としての言語，反応としての言語に対し，意味も含めた記憶の心的表象，および，それらがどのように生成されるのか，理解されるのかの処理プロセスをモデル化する．

以上の説明はそれぞれの代表的な一面を単純化したものであり，多面的・厳密なものではないが，各アプローチの概要はつかんでもらえると思う．もちろん，認知科学は学際的研究分野であり，これらを組み合わせた手法も多く，各アプローチは厳格に区別されるものではない．

図1.5　主な認知科学研究アプローチの概念

（1）哲学的アプローチ

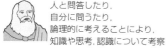

心的活動

人と問答したり，
自分に問うたり，
論理的に考えることにより，
知識や思考，認識について考察

（2）実験心理学的アプローチ

刺激 → 心的活動 → 感覚量

適切な実験系を構築し，
条件を変えた刺激に対する
感覚量を測定したり，
内観法やプロトコル解析
などを通じてモデル化

（3）神経生理学的アプローチ

刺激 → 心的活動 → 生理的変化

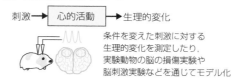

条件を変えた刺激に対する
生理的変化を測定したり，
実験動物の脳の損傷実験や
脳刺激実験などを通じてモデル化

（4）数理工学的アプローチ

刺激 → 心的活動 → 反応

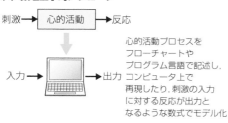

入力 → → 出力

心的活動プロセスを
フローチャートや
プログラム言語で記述し，
コンピュータ上で
再現したり，刺激の入力
に対する反応が出力と
なるような数式でモデル化

（5）言語学的アプローチ

言語刺激 → 心的活動 → 言語反応

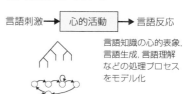

言語知識の心的表象，
言語生成，言語理解
などの処理プロセス
をモデル化

4 モデル

　認知科学では，**モデル**（模型）やモデル化（模型をつくる）という言葉が多く登場する．これは，心的活動プロセスやメカニズムをわかりやすく説明する必要があるからである．一般に，モデルには，主に以下の種類と役割がある（図1.6）．

　（1）　事象を説明しやすくする：事象の仕組みやふるまいをわかりやすく説明するために，単純化したり，比喩を用いたり，模式図，処理ブロック図やフローを用いたりして示す．人間の情報処理モデルをはじめとする本書で紹介するモデルの多くは，このタイプである．

　（2）　事象を分類する：事象をある基準で分類し，複数の型として示す．例えば，ビジネスモデルでは，小売モデル，消耗品モデル，広告モデルなどビジネス構造パタンを複数に類型化し，モデルとして示したりする．

　（3）　見本，典型例として示す：活動や取り組み，戦略事例の見本として示す．例えば，ある自動車メーカーが計画している未来都市モデル，非核化戦略のいわゆるリビアモデルなどがこのタイプのモデルである．

　（4）　事象のシミュレーションができるようにする：事象の仕組みやふるまいを表す数式や関数を示し，シミュレーション可能な形にする．特に定量性を要求される場合に多く用いられる．本書ではとりあげないが，ある時刻の商品普及率をその時刻までに購入した人の割合や新製品をいち早く購入する人の出現比率などで予測するモデルなどが好例である．

　（5）　考え方や機能を形にしてみせる：「モデル」の言葉通り「模型」であり，考え方や機能をソフトウェアもしくはハードウェア上で見える形にして実現し，人に見せたりシミュレーションなどを行ったりする．コンピュータや機械の上でAI機能を実現したものはこのタイプのモデルといえる．

　認知科学においては，（1）と（4）によるモデル化が多くみられる．守は，モデル化の標準的な方法は確立していないとしつつ，アメリカの心理学者ラックマンらの提唱する認知活動包括モデルに必要な以下の構成要素を紹介している．

　（a）外界の物理的情報を心的表象に変換する入力インタフェースをもつ

　（b）知識として記憶可能な心的表象構造をもつ

　（c）知識変換や記憶の検索などの制御システムをもつ

　（d）心的表象を外界の物理的情報に変換する出力インタフェースをもつ

　守によれば，これら（a）〜（d）は，コンピュータにおける入力，記

憶，演算，出力に対応しているという．換言すれば，コンピュータ自体が認知システムのモデルになっている．

図1.6　モデル化の種類と役割

(1) 事象を説明しやすくする
単純化したり，比喩や処理ブロック図を用いる

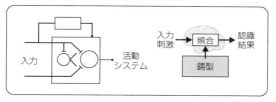

(2) 事象を分類する
複数の型を提示する

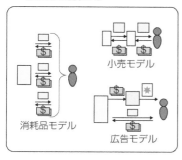

(3) 見本，典型例として示す
参考となる具体的な事例を提示する

(4) 事象のシミュレーションができるようにする
数式や関数を示し，シミュレーションを可能にする

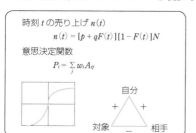

(5) 考え方や機能を形にしてみせる
ソフトウェアもしくはハードウェア上で見える形にして実現する

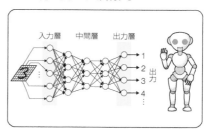

5 人間の情報処理モデルと認知科学のスコープ

　認知過程の総合モデルとして，1970年代にアメリカの認知心理学者，アンダーソンによって提案された**ACT*モデル**がある（**図1.7**）．これは，知識という観点からの認知過程モデルで，言語化された宣言的知識（4.4節参照）と非言語である手続き的知識とがそれぞれ異なる処理によって学習されるというものである．その後，ACT*モデルは，複数の機能モジュールの集合体に書き換えられ，生成ルールを介して相互にアクセスされるなど，よりコンピュータ処理を意識した**ACT-Rモデル**に発展した．同モデルでは脳機能との対応付けも検討された（**図1.8**）．

　その後の人間の情報処理モデルには，人間の認知や記憶処理をコンピュータ処理になぞらえたアメリカのヒューマンファクタ研究者カードらの**モデルヒューマンプロセッサ**（**図1.9**），目標を実行し評価するサイクルとしてとらえるアメリカの認知心理学者ノーマンの提案した**行為の7段階モデル**（**図1.10**）などが知られている．

　本書では，脳内における認知プロセスが理解しやすく，広く支持されているアメリカの心理学者ウィケンズの提案した情報処理モデルをほぼ前提とする．同モデルは，モデルヒューマンプロセッサのように，人間の情報処理をコンピュータ処理に見立て，ワーキングメモリを短期記憶と情報処理を行うシステムとして位置付けている（**図1.11**）．構成コンポーネントは，知覚モジュール，反応選択モジュール，反応実行モジュール，長期記憶，ワーキングメモリ，注意資源である．外界からの刺激は，視覚受容器や聴覚受容器などの感覚器から取り込まれたあと，一瞬だけ，感覚処理／短期感覚貯蔵にストアされ，知覚処理に送られる．そして，輪郭や色，テクスチャ，音の周波数などの情報を抽出し，さらに，長期記憶に保存されている過去の知識から，入力されたものが何であるのかなどを意味，概念として認識する．こういった処理を遂行するためには，意識を集中し**注意**を向ける必要がある．しかしながら，5.1節で述べるように，注意資源には限りがあるため，重要でない刺激の知覚にはほとんど注意が向けられない．次の段階は反応選択である．ここでは，どう反応すべきかを判断するために，知覚した情報を用いて，長期記憶情報，ワーキングメモリとの相互作用で合理的な決定を行う．こういった相互作用で，認知，情動，問題解決，推論，意思決定，創造，言語産出・理解などの活動が行われる．多くの注意を集めなければ，活動は弱まる．そして，反応としてのアクションを実行し，行動を出力する．

本書では，ウィケンズのモデルに示された範囲を中心スコープとして，感覚，知覚・認知，記憶，注意，知識，問題解決，意思決定，創造，言語理解，情動，社会的認知，コミュニケーションをとりあげる．ただ，これらの項目は相互に関連しあっており，完全に分離できるものではないことを付け加えておく．なお情動については，1.1節で述べたようにガードナーがスコープから外していたが，心的活動の1つであり，そのメカニズム解明は重要な認知科学研究対象であると考え，本書ではスコープに入れることとする．

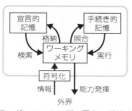

（アンダーソンのモデル図を一部改変）

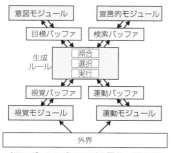

（アンダーソンらのモデル図を一部改変）

（ノーマンのモデル図を一部改変）

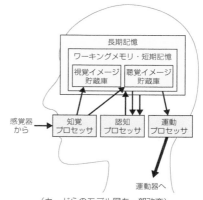

（カードらのモデル図を一部改変）

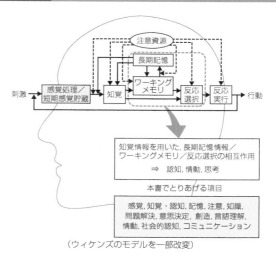

（ウィケンズのモデルを一部改変）

11

〈参考文献〉

● Card, S., Moran, T., & Newell, A. (1986). The model human processor- An engineering model of human performance. *Handbook of perception and human performance.*, *2*(45-1).

● Stillings, N. A., Chase, C. H., Weisler, S. E., Feinstein, M. H., Garfield, J. L., & Rissland, E. L. (1995). *Cognitive science: An introduction.* MIT press.

● Wickens, C. D., Hollands, J. G., Banbury, S., & Parasuraman, R. (2015). *Engineering psychology and human performance.* Psychology Press.

● ハワード・ガードナー（著），佐伯胖，海保博之（監訳）(1987)．認知革命　産業図書

● 飯田隆 (2017)．新哲学対話　筑摩書房

● 石口彰（監修），池田まさみ（著）(2012)．言語と思考　オーム社

● 板橋悟 (2010)．ビジネスモデルを見える化する ピクト図解　ダイヤモンド社

● ウィル・バッキンガム（著），小須田健（訳）(2012)．哲学大図鑑　三省堂

● 内村直之，植田一博，今井むつみ，川合伸幸，嶋田総太郎，橋田浩一 (2016)．『認知科学のススメ』シリーズ1 はじめての認知科学　新曜社

● カール＝オットー・アーペル，ディーター・ヴンダーリヒ，ユルゲン・ハーバーマス（著），井口省吾（編訳）(1976)．チョムスキーと現代哲学　大修館書店

● 佐伯胖 (1988)．行動主義―認知科学との和解は可能か―　人工知能学会誌，Vol.3, No.4

● 佐伯胖 (2007)．認知科学の方法　東京大学出版会

● 心理学実験指導研究会 (1985)．実験とテスト：心理学の基礎 解説編　培風館

● 鈴木宏昭 (2016)．教養としての認知科学　東京大学出版会

● D. A. ノーマン（著），岡本明，安村通晃，伊賀聡一郎，野島久雄（訳）(2015)．誰のためのデザイン？　増補・改訂版　新曜社

● 箱田裕司，都築誉史 (2010)．認知心理学（New Liberal Arts Selection）　有斐閣

● 橋田浩一，波多野誼余夫，郡司隆男，安西祐一郎，田中啓治，中島秀之 (1995)．岩波講座 認知科学の基礎〈1〉　岩波書店

● 松尾太加志 (2018)．認知と思考の心理学　サイエンス社

● 三浦つとむ (1986)．弁証法とはどういう科学か　講談社現代新書

● 守一雄 (2010)．認知心理学　岩波書店

感 覚

目や耳，皮膚などはいうまでもなく情報の入口であるが，実は，対象物の形や音の種類，対象物の触感がわかるのは，これら感覚器ではなく脳内である．つまり，目や耳などの感覚器では，対象物の形や音の種類を認識するというよりも，これらの認識のためのさまざまな材料を抽出する仕事が行われているのである．本章では，取り込んだ情報から感覚器がどのようなメカニズムで認識の材料を抽出し，どのように脳に送るのかをみる．また，工学的に画像や音声から特徴を抽出する手法も紹介する．

1 感覚の種類と特性

　外部の情報を感覚器から取り入れ，対象物の存在と状態をつかむ過程は感覚と呼ばれる．例えば，感覚器官としての目を通して視覚受容器である網膜に入ってきた情報は，感覚により，こういう形，大きさ，色のモノがこのあたりに存在するという信号に変換され，脳に伝えられることになる．また，感覚器官としての耳を通して聴覚受容器である蝸牛に入ってきた情報は，感覚により，こういう高さ，大きさの音であるという信号に変換され，脳に伝えられる．

　感覚は，特殊感覚，体性感覚，内臓感覚に大別される（表2.1）．視覚，聴覚，嗅覚，味覚，平衡感覚は，感覚器が，通常の細胞から視細胞や嗅細胞などの特定の機能をもつ特殊な形へ変化し，特定の場所に存在するようになったもので，特殊感覚と呼ばれる．視覚は光の刺激，聴覚は音の刺激，嗅覚や味覚は化学的刺激，平衡感覚は物理的刺激に反応する．いずれも，最終的には刺激を電気信号に変換し，感覚神経を通じて中枢神経に送る．体性感覚は皮膚感覚などの身体の表層部に存在する受容器による感覚（2.5節参照）であり，内臓感覚は痛みや空腹感，心拍などの臓器の状態を知らせる感覚である．

　感覚刺激は，ある程度以上の強度がないと感じられない．この検出が可能となる強度の最小値を刺激閾という．また，2つの感覚刺激が弁別できる強度の最小値を弁別閾という．刺激閾および弁別閾の測定には，実験協力者が自分で刺激強度を変化させる調整法，実験者が刺激強度を変化させる極限法，あらかじめ設定した何段階かの刺激強度をランダムに提示する恒常法などがある．刺激の強度に対する弁別閾の比率は，ある範囲内においては一定であることが知られており，ウェーバーの法則と呼ばれる（図2.1）．

$$\frac{\Delta S}{S} = C$$

　ここで，Sは刺激の強度，ΔSは弁別閾，Cは定数であり，感覚の種類によって異なる．つまり，もともとの強度に対して，ある一定比率の増分でないと同じように強度が増したとは感じないということだ．この等式において，刺激強度に対する弁別閾の比率が感じ方の増分に相当するものとして，図2.2のように定数Cを$k_1 \Delta R$とおき，両辺を積分すると，以下の等式が得られる．

$$R = k \log S$$

　ここで，Rは感覚量，kは定数である．つまり，感覚量（感じ方）は刺激

強度の対数に比例するというわけだ（**図2.3**）．照明の明るさでいえば，照度
が増してもその増分だけ明るくなったとは感じないということを意味する．
これは**フェヒナーの法則**と呼ばれる．人間の感覚のこのような特性は，外界
の刺激の変動に対して抑えぎみに反応し，安定した態勢を保つことに寄与し
ていることにほかならない．

表2.1 感覚の分類

種類			受容器
特殊感覚		視覚	網膜（視細胞）
		聴覚	蝸牛（有毛細胞）
		嗅覚	嗅粘膜（嗅細胞）
		味覚	味蕾（味細胞）
		平衡感覚	半器官（有毛細胞）
体性感覚	皮膚感覚	触圧感	皮膚の機械受容器
		温冷感	皮膚の温度感覚受容器
		痛感	皮膚の侵害受容器
	深部感覚	運動感覚	筋・腱・関節の固有受容器
		位置感覚	
		深部圧覚	
		深部痛覚	
内臓感覚		臓器感覚	組織内の機械受容器，
		内臓痛覚	温度感覚受容器など

図2.1 ウェーバーの法則

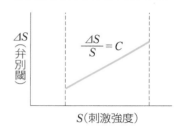

限られた範囲だけど，
刺激強度と弁別閾は，
ほぼ比例関係らしい．

図2.2 ウェーバーの法則から
フェヒナーの法則へ

$$\frac{\Delta S}{S} = C$$

ここで，定数 C を $k_1 \Delta R$ とおくと，

$$\frac{\Delta S}{S} = k_1 \Delta R$$

両辺を積分すると，

$$\int \frac{1}{S} \Delta S = \int k_1 \Delta R$$

$$\int \frac{1}{S} dS = \int k_1 dR$$

$$\therefore \ k_1 R = \log S + \alpha$$

$$\therefore \ R = \frac{1}{k_1} \log S + \frac{\alpha}{k_1}$$

ここで，$\frac{1}{k_1}$ を k とおき，$\frac{\alpha}{k_1}$ だけ原点移動すれば，

$$R = k \log S$$

図2.3 フェヒナーの法則

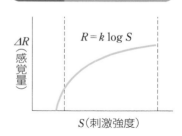

刺激強度に対し，
抑えぎみに感じるのか．

2 感覚信号の伝達

　感覚器から送られた電気信号は，つながった感覚ニューロン間で活動電位として高速に伝導される．感覚ニューロンは，感覚器によって形状が少しずつ異なる．このうち，運動ニューロンを例にとって，信号伝達の概念を説明する．

　ニューロンは，図2.4のように，細胞体，樹状突起，軸索から構成される．樹状突起は細胞体から枝状に伸びた何本かの突起物であり，その中の長く伸びたものが軸索である．この軸索を通じて，細胞体と樹状突起が受け取った信号が活動電位となって別のニューロンに伝わる．ニューロンは種類によって有髄神経と無髄神経とに分けられる．有髄神経の軸索の周囲はミエリン鞘でおおわれている．これが絶縁体の役割を果たし，周辺の神経との信号の混信を防ぐ．また，ミエリン鞘はところどころがくびれており，ここをランビエ絞輪という．信号は，ランビエ絞輪間を跳躍するように高速に伝わる．無髄神経にはミエリン鞘がない．活動電位がニューロンの終端であるシナプスに到着すると，前膜から神経伝達物質を放出する．これらを次のニューロンとの接点であるシナプス後膜が受け取ると，そこで電気信号が発生し（起動電位），次の活動電位となる．このようにして，図2.5のように次々とニューロン間を信号が伝わっていく．詳細は15.6節で述べる．

　ここで，起動電位と活動電位が生ずる機序について説明する．通常の静止状態では，細胞の外側と内側は細胞膜をはさんでわずかな電位差をもって保たれている．外側を $0\,mV$ とすれば内側は約 $-60\,mV$ であり，これを静止膜電位という．内側の電位が低いのは，内側の K^+ が細胞膜から細胞外に流れ出ようとするため，細胞内が負の電位となることによる（図2.6①）．また，外側の K^+ は Na/K ポンプが内側に戻す．信号を受け取ると内側の電位が正の方向に向かう（同図②）．すると，K チャンネルが閉じ Na チャンネルが開いて，Na^+ が細胞膜を通して流入する．そのため，内側の電位が急上昇する（脱分極）．これが起動電位となるが，ある閾値を超えると，Na チャンネルが閉じ K チャンネルが開いて K^+ が流出する．この流出により内側の電位は負の方向に向かう（同図③）．しばらく K チャンネルは開いたままであるため，電位は約 $-60\,mV$ を超えても下がっていく（過分極）が（同図④），やがて K チャンネルが閉じるため，電位は少し上昇して静止膜電位に落ち着く（同図⑤）．

　前シナプスからの起動電位が加算されてある閾値を超えると，活動電位となってニューロンの軸索を順次伝わっていく（15.6節参照）．つまり，加算

結果が閾値を超えれば活動電位を生じ，閾値以下だと活動電位を生じない悉無律（all-or-none low）という特性をもつ．軸索にミエリン鞘がある場合には，前述したようにランビエ絞輪を跳躍するように高速に伝わる（**図2.7**）．

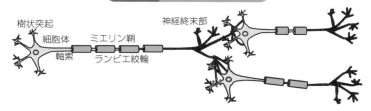

図2.4 ニューロンの構造

樹状突起
神経終末部
細胞体
ミエリン鞘
軸索
ランビエ絞輪

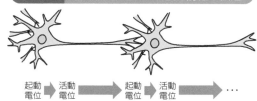

図2.5 電気信号としての感覚情報の伝達

起動電位 → 活動電位 → 起動電位 → 活動電位 → …

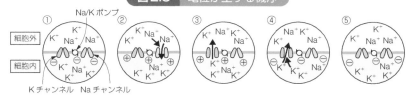

図2.6 電位が生ずる機序

Na/Kポンプ
細胞外
細胞内
Kチャンネル　Naチャンネル

細胞内側の電極

電位
0 mV
−60 mV
時間
① ② ③ ④ ⑤

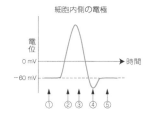

起動電位の加算結果が閾値を超えると，活動電位となって軸索を伝わっていくのか．

図2.7 軸索における信号の伝播

（1）ミエリン鞘がない軸索

（a）ニューロンが静止

（b）ニューロンが活動

（2）ミエリン鞘がある軸索

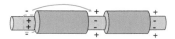

3 視覚機構

　視覚器官である目が，視覚刺激を取り入れて電気信号として大脳に送るパスを図2.8に，視覚器官の構造を図2.9に示す．視覚器官は，水晶体と呼ばれるレンズを使って入ってくる光を網膜に像として投影し，その情報を視神経を通じて脳に送る．網膜は厚さがわずか0.2 mmで，その断面図をみると錐体，杆体という細胞が存在することがわかる．網膜の中心部分は中心窩と呼ばれ，この部分を使ってモノを見ることを中心視という．中心窩は直径約0.3 mmで，錐体はここに集中して存在している．錐体は，精密にモノを見たり，色を感じたりする役割を果たす（図2.10）．杆体は，中心窩から離れた部分に多く存在しており，全体を感じる役割を果たすが，色を感じることは困難である．このため，網膜の中心からずれた像は，形はぼんやりわかっても，色がわかりにくい．この周辺部分を使ってモノを見ることを周辺視という．また，明るいところでは錐体がよく働き，暗いところでは杆体がよく働くという役割分担がなされている．この2つの視細胞のおかげで，人間は明るいところでも暗いところでもモノを見ることができる．

　私たちの目に見える光の波長の範囲は約380〜780 nmであり，この範囲の光は可視光と呼ばれる．波長は，短い方から長い方に向かって，紫から赤まで連続的に変化する．錐体には，S錐体（波長の短い青色近辺に対する感度が高い），M錐体（波長が中程度である緑色近辺に対する感度が高い），L錐体（波長の長い赤色近辺に対する感度が高い）の3種類があり，これらの相互の差分で色覚が生じる．そのモデルを示したものが図2.11だ．すなわち，M錐体活動からL錐体活動を差し引けば，赤／緑の度合いがわかる．M錐体活動とL錐体活動は輝度の情報ももち合わせており，M錐体活動とL錐体活動の和が輝度とされる．このM錐体活動とL錐体活動の和からS錐体活動を差し引くと，青／黄の度合いがわかる．さらに，網膜のニューロンには側抑制（14.2節参照）という特性があり，光刺激に対する微分情報を視覚野に送る．

　図2.12のように，視神経を通じて送られた視覚情報は，外側膝状体を経て大脳視覚領の第一次視覚野に送られる．外側膝状体や第一次視覚野では，直線や傾き，輪郭線などの特徴抽出の材料検出初期処理が行われる．その後さらに，曲がりの検出などの高次処理を担う第二次視覚野に送られる．アメリカの生理学者ヒューベルとウィーゼルは，ネコやサルを使って，第一次視覚野の細胞には単純細胞，複雑細胞，超複雑細胞の3種類が存在し，それぞ

れが異なった特徴抽出の材料を検出することを見つけた.

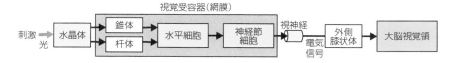

図2.8　視覚処理の流れ

視覚受容器（網膜）

刺激　光 → 水晶体 → 錐体／杆体 → 水平細胞 → 神経節細胞 →（視神経／電気信号）→ 外側膝状体 → 大脳視覚領

図2.9　視覚器官と視覚受容器

視覚器官

水晶体
虹彩

硝子体
中心窩
視神経
網膜

網膜（視覚受容器）の拡大断面図

神経節細胞
水平細胞
杆体
錐体

・網膜の端に多く存在
・全体を感じる
・色はわからない
・暗いところで働く

・網膜の中央に多く存在
・精密にモノを見る
・色を感じる
・明るいところで働く

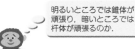

明るいところでは錐体が頑張り，暗いところでは杆体が頑張るのか.

図2.10　中心窩周辺と杆体・錐体細胞数

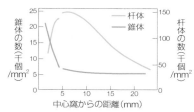

錐体の数（千個/mm²）
杆体の数（千個/mm²）

杆体
錐体

中心窩からの距離（mm）

（クルチョ文献［1990］の図を一部改変）

図2.11　色覚モデル

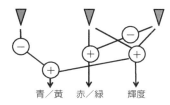

380　400　　500　　600　　700　780 (nm)

S錐体
（青近辺感度高）

M錐体
（緑近辺感度高）

L錐体
（赤近辺感度高）

青／黄　赤／緑　輝度

図2.12　視覚経路概略図（サル）

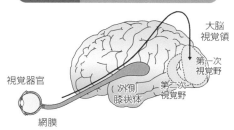

大脳視覚領

第一次視覚野

第二次視覚野

外側膝状体

視覚器官

網膜

　耳介で集められた空気の前後振動としての音は，外耳道を通って鼓膜を振動させる．鼓膜の振動は，**つち骨**，**きぬた骨**，**あぶみ骨**という小さな3本の骨に順次伝わり，蝸牛に達する（**図2.13**）．これら3本の骨は，互いに関節でつながったてこの関係にあって，振動の伝達効率を上げたり，抑制的に働いたりする（**図2.14**）．その後，振動は蝸牛で周波数分析がなされ，電気信号となって大脳に送られる．

　蝸牛の直径は，人間の場合およそ9 mmである．蝸牛の中はリンパ液で満たされており，中に**基底膜**が張られている．この基底膜により，**前庭階**，**鼓室階**の2つに分けられ，さらに**中央階**が形成されている．基底膜上には，場所によってそれぞれ異なる周波数成分を抽出する**コルチ器官**が並んで存在する．伝わってきた振動は，リンパ液を振動させ，コルチ器官の有毛細胞を刺激することになる．ここで活動電位を生じ，聴神経に信号を伝えることにより，最終的に脳の**聴覚野**で音を知覚する．ハンガリーの生理学者ベケシーは，伝わってきたリンパ液の振動が基底膜を波のように上下動させ，音が高いとこの波は入口付近で頂点に達し，逆に音が低いとこの波の頂点は奥まで届くという**進行波説**を唱えた．このため，音の高い周波数成分は蝸牛の入口付近で感知され，低い周波数成分は蝸牛の奥の先端付近で感知されるとした．音の高さは，3.4節で説明するように，振動パタンが単位時間内に何回繰り返されているかによって決まる．1秒あたりの繰り返し数は**基本周波数**と呼ばれ，単位はHzである．なお，人間の**可聴範囲**は約20 Hz～約20 kHzとされる．聴いたときの音の大きさ（**ラウドネス**）は，必ずしも基底膜の振動の大きさによるだけではなく，振動継続時間とも関係し，積分値で知覚されることが知られている．このように，聴覚処理では，後の音韻知覚処理で使われる，周波数成分などの特徴の材料検出初期処理が行われる．

　ある音が別の音によって隠蔽されて聞こえにくくなる現象を**マスキング**という．マスキングは，2つの音の高さが近いときに起こりやすい．2つの音のうち，低い方が高い方をマスクし，また，大きい方が小さい方をマスクする．つまり，2つの音の高さが近いと，蝸牛の中の，より入口に近い方の波の上下動が，まだ残っているもう1つの遠くまで達する波の上下動により妨害されるため，マスキングが生ずる（**図2.15**）．2つの音が同時に提示される場合に生じる現象は**同時マスキング**と呼ばれる．また，同時でなくてもマスキングが生ずることがある．これは**継時マスキング**と呼ばれる．例えば，

大きな音の直後に小さな音を提示すると，小さな音は聞こえにくくなる．

　基本周波数はラウドネスに影響を与える．その関係を描いたものが**図2.16**であり，**等感曲線**と呼ばれている．例えば，同じ10 dBの音でも1 kHzの場合と4 kHzの場合では前者の方が大きく聞こえる．

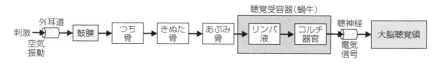

図2.13　聴覚処理の流れ

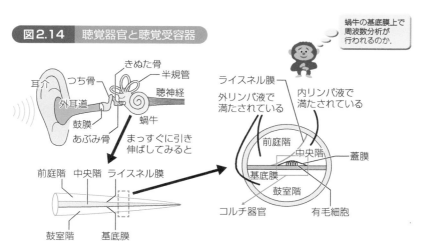

図2.14　聴覚器官と聴覚受容器

蝸牛の基底膜上で周波数分析が行われるのか．

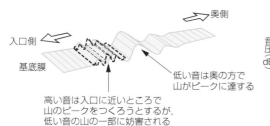

図2.15　基底膜とマスキング

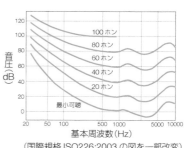

図2.16　等感曲線

（国際規格 ISO226:2003 の図を一部改変）

5 体性感覚

　体性感覚は，皮膚感覚と深部感覚の総称である（図2.17）．皮膚感覚は，皮膚の表面に関する感覚で，触圧覚，温覚，冷覚，痛覚の要素的感覚からなる．触覚，圧覚の感覚点は，指先付近には1 cm^{2}に100以上存在するが，大腿部では11～13程度である．温度感覚の感覚点には温点と冷点があり，1 cm^{2}あたり温点は1～4個，冷点は3～15個程度である．痛点は1 cm^{2}あたり50～350個と感覚点の中で最も多い．

　触圧覚は機械的刺激を皮膚の表面で受容する機械受容器により生ずる．機械受容器は，図2.18のように，皮膚の無毛部においては，マイスナー小体，メルケル細胞，パチニ小体，ルフィニ終末などから構成される．マイスナー小体は真皮の中で表皮に近い表皮がへこんだ位置に存在し，刺激の細部を検出する．指の腹は，機械受容器の中でマイスナー小体が最も高い密度で分布する組織である．メルケル細胞も真皮の中で表皮に近い位置だが，表皮が出っ張った部分に存在し，弱い刺激圧力を検出する．これら受容器の応力の差分により凹凸を知覚する．ルフィニ終末は真皮の深層部に位置し，皮膚の横方向の引っ張りやズレに反応する．パチニ小体も真皮の深層部に位置するが，こちらは振動に反応する．有毛部には，パチニ小体，ルフィニ終末，毛包受容器などが存在する．毛包受容器は毛の曲がりを検出する．この触圧覚により，私たちは，視覚情報が足りない場合でも対象物の形や硬軟をある程度把握できる．

　温冷感は温度感覚受容器により生じ，また痛感は侵害受容器が担当する．スネを何かにぶつけたとき，思わずそこをさすって痛みを和らげることはよくみられる人間行動である．カナダの心理学者メルザックらは，このメカニズムを図2.19に示すようなゲート制御モデルで説明した．このモデルでは，痛みを収束させる制御を行う膠様質のニューロンSGが，伝達細胞に達するゲートを開いたり閉じたりする．伝達細胞は痛み信号（侵害情報）を受け取ったことを中枢に伝える細胞である．スネをぶつけて細い神経線維Sが侵害を伝えると，SGを抑制し，伝達細胞のゲートを開け，痛みを感じる．そのときに，さすることにより太い神経線維Lから信号が発せられると，SG細胞を活性化させる．SG細胞の活性化は伝達細胞への抑制として働きゲートを閉じる．したがって，痛みの信号は感じられない．

　深部感覚は，皮膚表面よりも内部に関する感覚で，重さを知覚したり，身体各部の位置や動きを知覚する働きをもつ（図2.17）．深部感覚には，筋

覚，関節覚などがある．深部組織にある受容器には，**筋紡錘**，**腱器官**，ルフィニ終末，**ゴルジ終末**，パチニ小体などの機械受容器，自由神経終末などがある．筋紡錘，腱器官は筋あるいは腱が伸張されると興奮する．筋紡錘は筋の伸展の度合いを伝え筋張力調節に関与し，関節の位置の感覚や動きの感覚に貢献する．また，筋紡錘は振動刺激によく応答する．筋の血管の周囲や関節嚢には数多くの無髄の自由神経終末がある．これらの線維は約半数が交感神経で，残りは痛みに関係する．

図2.17	体性感覚

硬い，冷たい ➡ 皮膚感覚

重い，高い ➡ 深部感覚

図2.18	機械受容器の構造

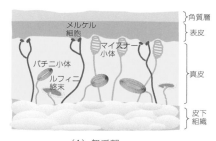

（A）無毛部

図2.19	ゲート制御モデル

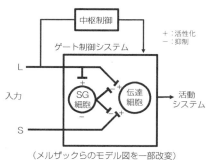

＋：活性化
−：抑制

（メルザックらのモデル図を一部改変）

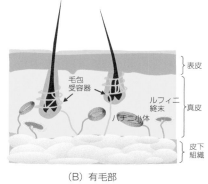

（B）有毛部

触圧覚では，さまざまな小器官が刺激による応力の差分，引っ張り，ズレ，毛の曲がりなどを検出するんだね．

6 感覚の相互作用

　ここでは，異なる感覚間の関係について考える．「澄んだ声」「黄色い声」など，本来は目から入る情報に対して用いる形容語が，耳から入る情報についても同じような聴取感をもつ場合に使われることがある．このように，異なる感覚間で共通に用いられる心理的性質は通様相性（つうようそうせい）と呼ばれる．また，「柔らかい声」「なめらかな声」「あたたかい声」などの場合は，皮膚感覚と同じ形容語が使われているし，「甘い声」「渋い声」などの場合は，味覚と同じ形容語が使われている．金属同士がこすれる音や発泡スチロールなどでガラスをこする音を聞くと悪寒が走る，まぶたの上から圧力をかけるとオレンジ色の光を感じる，音楽を聴くと色を感じるなど，ある刺激に対して異なる感覚が反応する現象を共感覚という（図2.20）．映像と音楽の間でも，類似した形容語で表現される場合がある．通様相性をもち，これらが同時に提示される場合，共鳴現象と呼ばれる双方の相乗効果により，雰囲気が盛り上がって感じられる．

　一方，異なる感覚間には，干渉現象もある．映像と音声の間に生じるマガーク効果はその一例である．図2.21のように，例えば，/ma/と発声している顔の映像の音声を消したものと，/ka/という発声を同時に提示すると，/ka/ではない/pa/という音声に聞こえることがある．これがマガーク効果だが，この場合は，両唇音/ma/という「唇を合わせる」視覚情報と軟口蓋（なんこうがい）破裂音/ka/という「唇を合わせない」聴覚情報との間に生じる矛盾を，破裂両唇音/pa/を知覚することによって解消する．

　また，図2.22のように，音声のない口パクの顔映像をモニタで実験協力者に提示し，近くの見えない位置にあるスピーカから音声を流すと，実験協力者はあたかもモニタから音声が流れているように知覚する．この特性は視覚の優位性と呼ばれる．すなわち，視覚と聴覚では前者の方が空間分解能が高いために，視覚の方を優先させるわけである．

　他方，図2.23のように，音声のない顔の映像をモニタで実験協力者に提示し，隣にあるスピーカから顔の映像の口の動きから少し遅れた音声を流すと，実験協力者はスピーカから流れる音声がリアルタイムで，映像がずれているように知覚する．こちらは聴覚の優位性である．時間軸上では，視覚よりも聴覚の方が時間分解能が高いために，聴覚の方を優先させる．

　日本の音響工学研究者の岩宮は，共通の刺激に対して複数の感覚が反応することにより，情報が入手困難な環境でも対応できるように，それぞれの感

覚が補完的に働くのだと述べている.

図2.20 共感覚

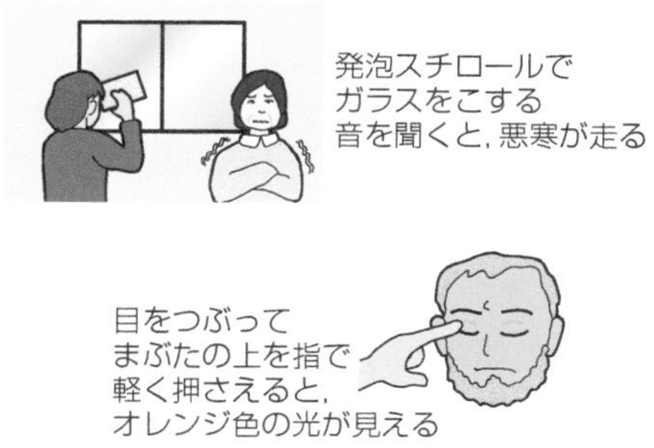

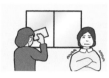

発泡スチロールで
ガラスをこする
音を聞くと, 悪寒が走る
目をつぶって
まぶたの上を指で
軽く押さえると,
オレンジ色の光が見える

図2.21 マガーク効果

映像 両唇音
/ma/
音声 破裂音
/ka/
知覚
破裂両唇音
/pa/
つじつまが
合うように
知覚し, 矛盾
を解消

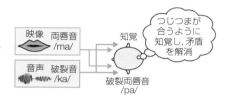

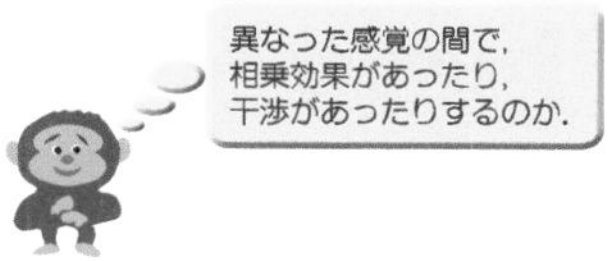

異なった感覚の間で,
相乗効果があったり,
干渉があったりするのか.

図2.22 視覚優位性

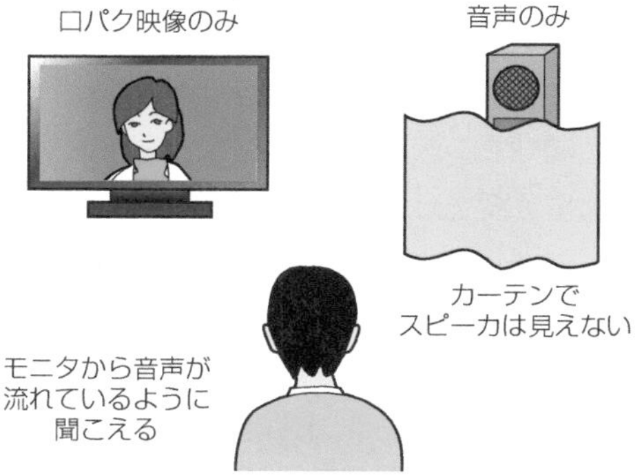

口パク映像のみ
音声のみ
カーテンで
スピーカは見えない
モニタから音声が
流れているように
聞こえる

図2.23 聴覚優位性

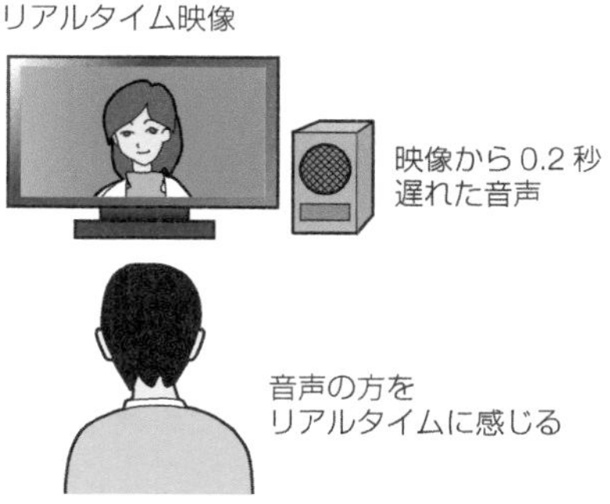

リアルタイム映像
映像から 0.2 秒
遅れた音声
音声の方を
リアルタイムに感じる

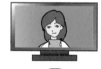

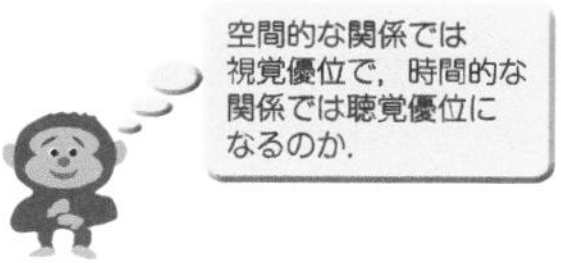

空間的な関係では
視覚優位で, 時間的な
関係では聴覚優位に
なるのか.

7 コンピュータによる画像・音声の特徴抽出

　視覚機構における物体画像の輪郭線や曲がりの検出，および周辺視と同等の機能をコンピュータ上で実現したものに，画像信号からエッジを検出したりノイズを除去したりする各種**空間フィルタ**がある．画像信号は，画像を構成する画素ごとの濃度とする．**エッジ検出**では，**図2.24**のように，画素の濃度が大きく変化する部分を見つける**微分フィルタ**が使われる．**ノイズ除去**では，**図2.25**のように，平均値や中央値で**平滑化**するフィルタなどが使われる．各フィルタ処理は，画像データの左上端から右下端まで順次フィルタをかけ，マトリクスの各要素との積和を算出し中央の値としていくことにより行う．このように，コンピュータによる画像の特徴抽出においても，2.3節で説明した人間の第一次視覚野における特徴抽出と同様，エッジや線分の傾きなどプリミティブな情報抽出から，順次，形状など高次の特徴抽出処理に移る．

　聴覚機構における音声信号に対する周波数分析と同等の機能をコンピュータ上で実現する方法には，**スペクトル抽出**処理手法がある．まず，スペクトルの概念から説明する．人間の音声波形のような周期性のある複雑な波形は，複数の単純波形に分解することができるという前提がある．単純波形とは，sin曲線やcos曲線である．これら単純波形を成分とみれば，音声のスペクトルとは，どのくらいの量の，どんな単純波形から音声がつくられているかを示すヒストグラムといえる．sin曲線やcos曲線の成分の量（強度）は，フーリエ級数展開によって得られる（**図2.26**）．つまり，sin，cosの係数が強度を表す．横軸に周波数成分，縦軸に強度をとった分布が離散的なスペクトルであるが，**フーリエ変換**を用いることで，**図2.27**のように，**スペクトル包絡**と基本周波数（声の高さ）に基づく**微細構造**で構成される連続スペクトルが得られる．スペクトル包絡をみると，母音では，いくつかの周波数成分の集中を表す局所的ピークがみられる．このような周波数の集中は，発声機構としての**声道**の中を通る呼気の共鳴によって生じる．スペクトル包絡を求めるには，まず，音声波形をフーリエ変換し，対数をとるとスペクトル微細構造をもつ対数パワースペクトルが得られる．この対数パワースペクトルを波形に見立てて，再度フーリエ変換を行うと，対数パワースペクトルの低周波成分，すなわち包絡的な大きな概形と微細構造の成分とが分離して現れる．これらのうち，音韻の情報を反映している低域成分のみをフーリエ逆変換することによって，スペクトル包絡が得られる．

図2.24　画像エッジ検出フィルタ

垂直方向
微分フィルタ

0	-1	0
0	1	0
0	0	0

水平方向
微分フィルタ

0	0	0
-1	1	0
0	0	0

0	-1	0
0	1	0
0	0	0

垂直方向
微分フィルタを
かけていく

2	2	2	2	2	3
2	2	6	6	6	7
2	2	2	6	6	7
2	2	2	6	6	7
2	3	2	3	7	7

(2×0)+(2×(-1))+(2×0)
+(2×0)+(2×1)+(2×0)
+(2×0)+(2×0)+(2×0)
=0

0	0	4	4	4
0	0	4	0	0
0	0	4	0	0
0	0	1	4	0

垂直方向の
輪郭が抽出される

図2.25　画像ノイズ除去フィルタ

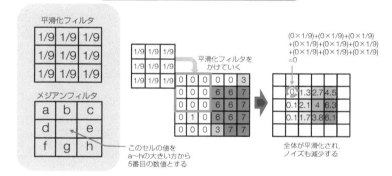

平滑化フィルタ

1/9	1/9	1/9
1/9	1/9	1/9
1/9	1/9	1/9

メジアンフィルタ

a	b	c
d		e
f	g	h

1/9	1/9	1/9
1/9	1/9	1/9
1/9	1/9	1/9

平滑化フィルタを
かけていく

0	0	0	0	0	3
0	0	0	6	6	7
0	0	0	6	6	7
0	1	0	6	6	7
0	0	0	3	7	7

(0×1/9)+(0×1/9)+(0×1/9)
+(0×1/9)+(0×1/9)+(0×1/9)
+(0×1/9)+(0×1/9)+(0×1/9)
=0

0	1.3	2.7	4.5
0.1	2.1	4	6.3
0.1	1.7	3.8	6.1

全体が平滑化され，
ノイズも減少する

このセルの値を
a〜hの大きい方から
5番目の数値とする

図2.26　フーリエ級数展開

周期性のある複雑な波形は，
フーリエ級数展開することにより
複数の単純波形に分解できる

$$a_0 + \sum_{n=1}^{\infty} (a_n \sin n\omega t + b_n \cos n\omega t)$$

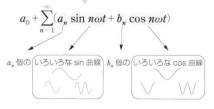

a_n 個の いろいろな sin 曲線　　　b_n の いろいろな cos 曲線

図2.27　音声のスペクトル

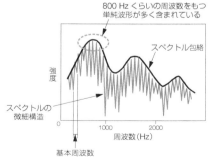

800 Hz くらいの周波数をもつ
単純波形が多く含まれている

スペクトル包絡

強度

スペクトルの
微細構造

基本周波数

周波数（Hz）

〈参考文献〉

- Curcio, C. A., Sloan, K. R., Kalina, R. E., & Hendrickson, A. E. (1990). Human photoreceptor topography. *Journal of comparative neurology, 292*(4), 497-523.
- Melzack, R., & Wall, P. D. (1965). Pain mechanisms: a new theory. *Science, 150* (3699), 971-979.
- Parmanen, J. (2012). Some reasons to revise the international standard iso 226: 2003: Acoustics—normal equal-loudness-level contours.
- 赤木正人（1993）．音声の知覚と聴覚モデル　信学技報，23-30
- 岩宮眞一郎（2014）．視聴覚融合の科学　コロナ社
- 岩村吉晃（2010）．触覚と体性感覚　電子情報通信学会「知識ベース」S3群（脳・知能・人間）-2編（感覚・知覚・認知の基礎）
- カッツ，B.（著），佐藤昌康，千葉元，山田和広（訳）（1970）．神経・筋・シナプス　医歯薬出版
- 菊地正（2008）．感覚知覚心理学　朝倉書店
- 北原義典（2009）．謎解き・人間行動の不思議　講談社
- 国際電気通信基礎技術研究所（1994）．ATR先端テクノロジーシリーズ　視聴覚情報科学—人間の認知の本質にせまる　オーム社
- 小松英彦（1998）．視知覚における脳のダイナミクス　日本神経回路学会誌，Vol.5, No.4
- 白土寛和，前野隆司（2003）．「触る」ということ—ヒトとロボットの触覚—　表面，Vol. 41, No.5
- 仲谷正史（2016）．高度な触覚センサとして活躍する小さな細胞　JT生命誌ジャーナル，90号
- 樋渡涓二（1987）．視聴覚情報概論　昭晃堂
- 松田隆夫（2000）．知覚心理学の基礎　培風館
- 三浦種敏（監修），電子通信学会（編）（1980）．新版 聴覚と音声　コロナ社
- 村上郁也（編）（2010）．イラストレクチャー 認知神経科学　オーム社
- 横澤一彦（2010）．視覚科学　勁草書房

知覚・認知

目や耳などの感覚器で抽出された特徴は，脳でどのように処理されることでモノの形や音の種類が認識できるようになるのだろう？また，空間や時間は，何を手がかりにしてどのように認識されるのだろう？　興味深いのは，脳内では，こういった末端からの情報をまとめ上げていくだけでなく，もっている知識から決めつけるような力も働いていることだ．本章では，ボトムアップおよびトップダウンの両方向の処理を通じたモノの形や音の種類の認識について考える．さらに，工学的に音声の認識を実現する手法についても触れる．

1 トップダウン処理

　ここまで述べたように，感覚器を通じて入力された情報からはさまざまな特徴が抽出され，高次処理過程を経て統合化されていく．そのため，いわゆるボトムアップ処理が主な柱になっているように思われるかもしれない．図3.1に書かれていることばのうち，中ほどの2行は正しい駅名ではないことになかなか気付かない人が多いのではないだろうか．これは，「えき」「でんしゃ」「きっぷ」「はっしゃ」という単語ではさまれていることや背景に日本地図があることから，認知に際して鉄道という文脈が働いたことによる．つまり，頭にある知識から駅名や地名と認知する態勢ができあがっていたわけだ．このような処理をトップダウン処理，もしくは概念駆動型処理という．これに対応し，ボトムアップ処理はデータ駆動型処理とも呼ばれる．図3.2は網に白い串団子が横たわっているようにみられやすい．しかし，これは網目がところどころ切れているだけの図であり，どこにも団子の輪郭線はない．これは主観的輪郭と呼ばれ，やはり知識からのトップダウン処理に基づく認知現象である．ここでは，網で串団子を焼くという知識から文脈が働いている．図3.3では，言語的文脈効果により，同じ「S」という線画が，(1) ではアルファベットの「S」，(2) では数字の「5」と認知される．図3.4では空間的文脈効果により，同じ図形が雲と池とに認知される．図3.5では，(3) と (6) が同じ図形だが，それぞれ (1)，(4) から矢印に沿ってみていくと，ゆがんだ男性の顔と，悲しむ髪の長い女性の姿にみえる．これは，フィッシャーの曖昧図形と呼ばれる図形を改変したもので，時間的文脈によって図形の解釈が変わるという例である．

　聴覚系でもトップダウン処理が認められる．図3.6のように，「ごはんを」という音声と「かべる」という音声を接続したものを聞くと「ごはんをたべる」と聞こえる．「かべる」と「たべる」は語頭の /k/ と /t/ が異なるだけで，それ以外は同じ音韻である．しかも，/k/ も /t/ もともに無声破裂子音であり音韻的に非常に近い．一方，脳内の言語知識から，「ごはんを」に後続する単語は「たべる」であろうという態勢ができており，その前提で各特徴を用いてトップダウン的に「たべる」と認識すると考えられる．

　このように，私たちの認知・知覚過程においては，知識からこういう形や文字であろうという前提で，低次処理系からの特徴を受け入れるように処理を進める．言い換えれば，トップダウン処理とボトムアップ処理が補完的に行われ，形状や文字，音声を認識しているといえよう（図3.7）．

図3.1　これらは何？

えき，でんしゃ，
ふしくま，おちゃみのず，かさわき，
いぶけくろ，くもまと，にしみのや，
きっぷ，はっしゃ

図3.2　主観的輪郭

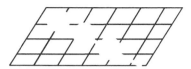

図3.3　言語的文脈

(1) *LOVE STORY*

(2) *3.141592*

図3.4　空間的文脈

図3.5　時間的文脈

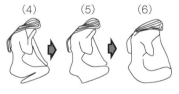

図3.6　聴覚におけるトップダウン処理

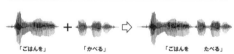

「ごはんをたべる」と聞こえる

図3.7　ボトムアップとトップダウン

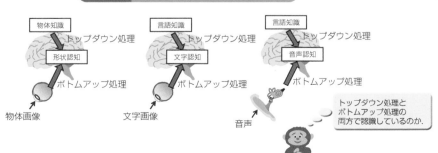

物体知識　トップダウン処理
形状認知
ボトムアップ処理
物体画像

言語知識　トップダウン処理
文字認知
ボトムアップ処理
文字画像

言語知識　トップダウン処理
音声認知
ボトムアップ処理
音声

トップダウン処理と
ボトムアップ処理の
両方で認識しているのか．

2 ゲシュタルト特性

　私たちは，対象を部分的ではなく全体としてまとまりをもってとらえよう
とする，**ゲシュタルト**と呼ばれる知覚特性をもつ．ゲシュタルトは，形や全
体構造を意味するドイツ語だ．**図3.8**①ではネコが等間隔に並んでいる．こ
れらを同図②のように6個ずつ近づけると，それぞれがまとまったグループ
に見える．これは，ネコ同士の間隔の違いによってまとまりを知覚している
からで，距離の近いもの同士でまとまる要因は**近接の要因**と呼ばれる．同図
③では，ネコ同士の間隔はすべて同じだが，黒ネコ，茶ネコ，三毛ネコそれ
ぞれの3つのまとまったグループに見える．これは，色や形，大きさ，模様
など外観の属性が似たもの同士がまとまって知覚される特性で，**類同の要因**
と呼ばれる．同図④は**閉合の要因**で，カッコや閉じた領域で区切られたと
き，互いに閉じ合うもの同士をまとまりとしてとらえ，閉じ合わないものを
遠ざけるように知覚する特性である．

　また，**よい形の要因**，**よい連続の要因**と呼ばれるゲシュタルト特性もあ
る．よい形とは，単純性，緊密性，均等性，対称性などをもつ形を意味す
る．**図3.9**①-1の図形をみたときに，①-2の複雑な図形同士が接合してで
きたものと知覚するよりも，①-3のような2つの単純な正方形と三角形が重
なってできたものと知覚する方が自然である．よい形の要因は，このよう
に，よい形の図形としてまとめて知覚しようとする特性をさす．よい連続と
は，直線や，不連続点をもたないなめらかな曲線を意味している．同図②-1
の図形を②-2のような複数の図形が接合した結果と見ることはほとんどな
く，②-3のような曲線と直線から構成されたものと知覚する方が自然であ
る．このように，連続図形としてまとめて知覚しようとする特性がよい連続
の要因だ．

　鉄道の踏切にある警告灯が左右交互に点灯すると光が左右に動いて見える
ように，位置と時間をずらした出現と消失が引き起こす動きの知覚現象は**仮
現運動**と呼ばれる．パラパラ漫画のように少しずつ異なる図形を時系列とし
て提示すると図形が変化して見えるのも仮現運動によるものだが，ドイツの
心理学者ヴェルトハイマーはこれらを，個々の図形として見るのではなく，
時間的流れという全体で知覚するゲシュタルト特性に基づくものだと主張し
た（**図3.10**）．

　図3.11の時刻 t = 1 の図形は，近接の要因によって2つのグループに分か
れて見える．しかし，t = 2，t = 3 と時間が経過するとともに，赤矢印のパ

ーツだけが同じ方向に移動していくと，これらの移動パーツがひとまとまりに見える．これは共通運命の要因と呼ばれる，時間要素まで含めたゲシュタルト特性である．

図3.8 近接，類同，閉合の要因

① ②近接の要因 ③類同の要因 ④閉合の要因

要素個別ではなく，全体としてとらえようとするのか．

図3.9 よい形，よい連続の要因

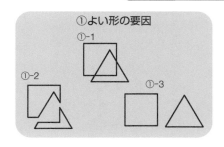

①よい形の要因

①-1
①-2
①-3

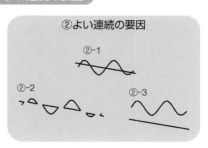

②よい連続の要因

②-1
②-2
②-3

図3.10 仮現運動

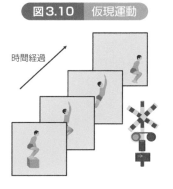

時間経過

図3.11 共通運命の要因

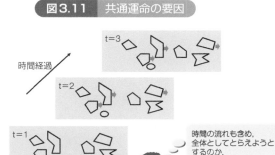

時間経過

t=3
t=2
t=1

時間の流れも含め，全体としてとらえようとするのか．

3 形状知覚・認知

高次視覚野では，視覚機構で抽出した線分などの特徴を用いて，パタンの認知を行う．ここでは，パタン認知のうち形状認知をとりあげる．パタンの認知においては，まず，対象物（図）を背景（地）から分離する必要がある．これは図・地の分化と呼ばれる．一般に私たちは，面積が大きく周囲に広がっている方を地，一定の形状をもち面積の小さい方を図と認識しやすい．また，輪郭線が閉じていると図になりやすく，さらに，意味をもった図形に見えると図として認識される可能性が高くなる．他方，閉じておらず，意味をもって見えない方が地として認識される傾向にある．例えば，図3.12（1）では，黒の部分と白の部分の面積がほぼ等しく，しかもどちらも輪郭線が閉じており，黒は女性の横顔，かつ白は花びんに見えるため，どちらが図でどちらが地と決定しにくい．同図（2）では，白い図形に横の曲線が入っているため花びんとしての認識が優先され，黒の方が地となりやすい．同図（3）では，黒の図形に描かれた曲線が髪の毛を連想させるため，女性という意味をもった図として認識されやすくなる．図3.13では，何が図で何が地であるかがわかりにくいために，図形の意味をとらえるのが難しい．

地から図を分離した後，形状のパタン認識処理プロセスに移る．このパタン認識のモデルでは，鋳型（いがた）照合モデルや特徴分析モデルが広く知られている．鋳型照合モデルは，長期記憶の中に辞書のようにさまざまなパタンの鋳型をもっており，入力された刺激をこれらと照合して最も一致度の高い鋳型パタンを認識結果とするものである（図3.14）．ただ，私たちの知覚には，目の前の自動車を見ても遠くにある自動車を見ても同じ大きさと認識するという大きさの恒常性（図3.15（1））や，円形の皿はどの角度から見ても円形の皿と認識するという形の恒常性（同図（2））などの特性がある．鋳型照合モデルでは，これら恒常性に対応するためには膨大な数のパタンを有している必要があり，入力刺激を拡大・縮小したり回転したりするなどの前処理プロセスをもつモデルも登場している．

一方の特徴分析モデルは，さまざまなパタンが直線，曲線，斜線，鋭角，鈍角，交差，端点などの特徴の組み合わせから構成されるというリストを長期記憶にもっており，入力刺激がこれらのどの特徴を有するかを分析して各リストと照合し，一致度の高いリストに対応するパタンを認識結果とするものである．アメリカのAI研究者セルフリッジは，文字を認識するための特徴分析モデルとしてのパンデモニアムモデルを提案した（図3.16）．このモ

デルでは，まず，イメージデーモンが刺激のパタンを短時間だけ記憶し，そのパタンを特徴デーモンに渡す．パタンは線分や曲線などの特徴成分に分解され，それぞれの特徴デーモンが受け持つ特徴に反応する．認知デーモンは，認知対象パタンのリストをもち，特徴デーモンを監視しつつ，リスト内の各パタンと対応づけられている特徴とどれだけ多く反応しているかをチェックする．最後の決定デーモンは，最も一致度の高い認知デーモンのパタンを認知結果とする．

図3.12　図と地のとらえ方の違い

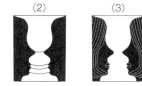

(1)　　　　(2)　　　　(3)

図3.13　図ととらえられにくい例

図3.14　鋳型照合モデル

図3.15　大きさの恒常性と形の恒常性

(1)　　　　　　　(2)

図3.16　特徴分析モデルとしてのパンデモニアムモデル

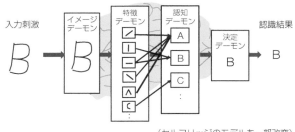

（セルフリッジのモデルを一部改変）

認識のモデルには，鋳型合わせをするものや特徴を調べるものがあるのか．

4 音声知覚・認知

3.1節で述べたように，音声の認知過程においては，聴覚受容器や聴神経からの特徴を用いたボトムアップ処理と，大脳からの言語知識を用いたトップダウン処理とが補完的に行われている（**図3.17**）．

音声には，**図3.18**のように，音韻と韻律という2つの側面がある．音韻は，「あ」「か」など言語を構成する要素としての音である．この音韻によって，聞き手は「こんにちは」など，話し手の言語内容を理解できる．他方，韻律は，声の高さ，大きさ，長さ，間など，音韻列を修飾して言語機能を高めるもので，アクセント，イントネーション，ストレス，リズムなどを形成する．この韻律によって，同じ音韻列であっても，ニュアンスを変えたり，さまざまな態度や感情を表現，伝達したりすることができる．

音韻は，2.7節で説明したスペクトル情報が担う．スペクトル包絡における局所的ピークを**フォルマント**といい，周波数の低い方から，第1フォルマント，第2フォルマント，第3フォルマント，……という（**図3.19**）．特に，フォルマントの位置（スペクトルの集中周波数）は音韻の種類に固有のものであり，特に母音同士は第1フォルマントと第2フォルマントの位置でおおよそ区別できる．縦軸に第1フォルマント周波数，横軸に第2フォルマント周波数をとり，日本語の5母音をプロットすると，**図3.20**のようになる．これは，スペクトルの集中が，発声時の声道の形（共鳴特性）で決まるからだ．また，/r/と/ℓ/のように，子音の中にはスペクトルの時間遷移特性により識別されるものもある（**図3.21**）．私たちは，これらフォルマント位置やスペクトルの遷移特性を知覚し，音韻の種類を知るのである．

韻律に対応する物理量はどういうものであろうか．音の高さについては，基本周波数が規定する．**図3.22**は男声母音/a/の音声波形である．同図では，同じようなパタンが繰り返されていることがわかる．この1つのパタンの長さを**基本周期**といい，1秒間に現れるこの基本周期におけるパタンの数を**基本周波数**という．基本周波数は基本周期の逆数になるため，声が高ければ基本周波数は大きくなり，声が低ければ基本周波数は小さくなる．男声ではこの基本周波数が平均150 Hz前後くらい，女声では平均250 Hzくらいである．波の振幅は声の大きさに対応する．さらに，音声の最小単位である各**音素**の継続時間を計測すれば，発話の長さや話す速度，リズムがわかる．

以上がボトムアップ処理であるが，フォルマントなどの情報のみならず，トップダウン処理ではアクセントパタンなどの韻律情報も手がかりとして使

われている可能性がある．

図3.17 音声認知過程のモデル

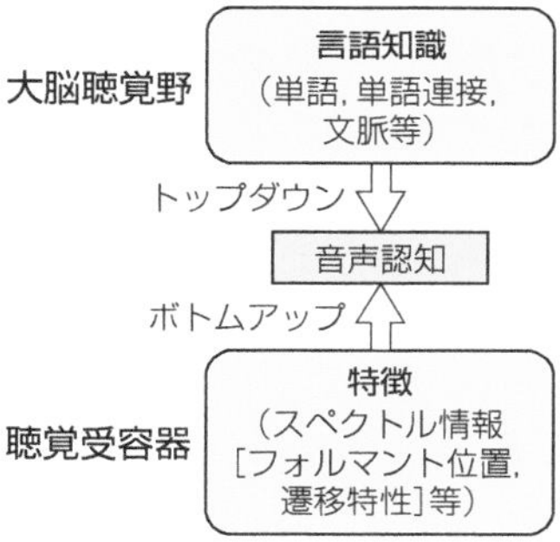

大脳聴覚野
言語知識
（単語，単語連接，
文脈等）
トップダウン
音声認知
ボトムアップ
聴覚受容器
特徴
（スペクトル情報
［フォルマント位置，
遷移特性］等）

図3.18 音声の2つの側面

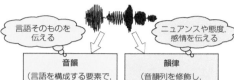

言語そのものを
伝える
ニュアンスや態度，
感情を伝える
音韻
（言語を構成する要素で，
言語意図を表現）
あ，い，う，え，お，か，…
韻律
（音韻列を修飾し，
言語機能を高める）
抑揚，リズム，間

図3.19 スペクトル包絡とフォルマント

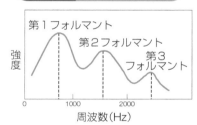

第1フォルマント
第2フォルマント
第3
フォルマント
強度
0
1000
2000
周波数（Hz）

フォルマントの位置は
音韻の種類によって異なる

図3.20 母音の種類とフォルマント

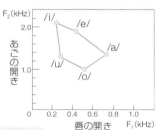

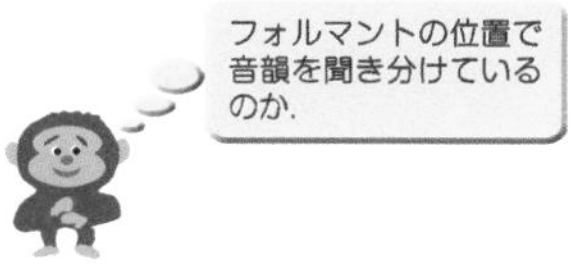

F_2(kHz)
2.0
1.0
あごの開き
/i/
/e/
/a/
/u/
/o/
0
0.2
0.4
0.6
0.8
1.0
唇の開き
F_1(kHz)

フォルマントの位置で
音韻を聞き分けている
のか．

図3.21 /r/と/ℓ/のスペクトル遷移の違い

/r/
/ℓ/
時間
時間
周波数
周波数

図3.22 音声波形における韻律情報

/a/
振幅
時間
基本周期(T_0)
$1/T_0$ は基本周波数
声の大きさ
声の高さ
話す速さ

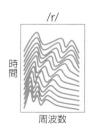

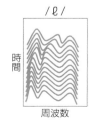

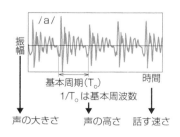

5 空間知覚

　私たちは，主に視覚情報と聴覚情報とに基づいて3次元空間を把握している（**図3.23**）．視覚による**空間知覚**においては，まず，左右の眼球に基づく情報である**両眼視差**と**輻輳**の2つの手がかりが使われる（**図3.24**）．両眼視差とは，両眼の網膜に映る物体の像の形状のズレのことである．この視差が奥行き方向の長さ（相対距離）の知覚に関与していると考えられている．輻輳は，1つの物体を見ようとするときの左右の目の動きのことだ．つまり，角度 θ_1 や θ_2 を形成する両眼の動きが輻輳で，この θ_1 や θ_2 は輻輳角と呼ばれる．物体と両眼をむすぶ角度や調節のための筋肉の動きが輻輳の要素となる．このとき，物体が遠くにあればあるほど，両眼視差も輻輳も小さくなり，**奥行き知覚**の効果は減少し，立体に見えにくくなってくる．

　単眼でも**図3.25**に示すような2次元情報からの手がかりによって，奥行きを知覚することができる．

　（1）**陰影**：図形自体に陰影があると，凹凸をもつように知覚される．

　（2）**重なり**：ある図形が別の図形を遮蔽するような構図では，遮蔽図形が手前に知覚される．その際，それぞれの図形の輪郭線がTの字を形成している部分を**T接合**と呼ぶ．T接合においては，Tの字の水平線分が手前の遮蔽図形の輪郭線になり，Tの字の垂直線分が後方の被遮蔽図形の輪郭線になる（**図3.26**）．

　（3）**影**：図形に影が付随していると図形が浮き出て知覚される．

　（4）**きめの勾配**：テクスチャのきめが連続的に細かくなっていくと奥に遠ざかるように知覚される．

　（5）**相対的大きさ**：サイズの大きい図形と小さい図形が同時に提示されると，小さい図形は遠くに，大きな図形は近くに知覚される．この相対的大きさを利用した遠近図法を**大小遠近法**という．

　（6）**線の広がり**：一点から線分が広がっていると遠近が知覚される．奥行き方向の線分が1点（**消失点**）に集まるように表現する図法を**線遠近法**という．

　（7）**鮮明度**：淡くぼかすように描かれた図形とはっきりとしたエッジをもち濃く描かれた図形が同時に提示されると，ぼやけた図形は遠くに，鮮明な図形は近くにあるように知覚される．この鮮明度の違いを利用した図法を**大気遠近法**という．

　私たちは，視覚情報によって視空間を知覚する一方，聴覚情報によって聴

空間を知覚することができる（図3.27）．聴空間知覚では，両耳の鼓膜に音が到達する時間差と音圧の差を手がかりに音源位置を特定する．これを音源定位という．音源定位には，その他に，音の周期中の位置情報である位相の差や，両耳の耳介の存在による音のひずみの差も関与している．

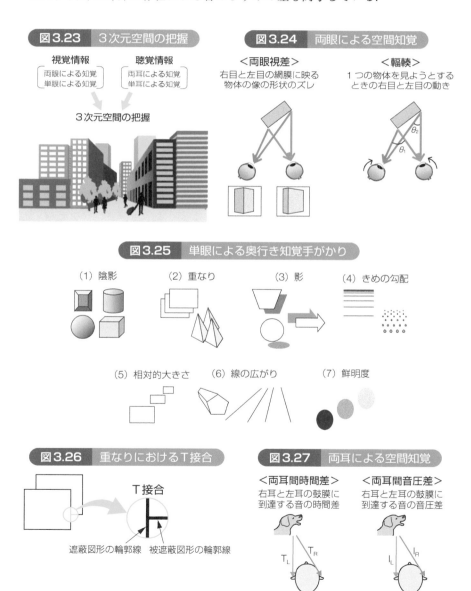

図3.23　3次元空間の把握

視覚情報
両眼による知覚
単眼による知覚

聴覚情報
両耳による知覚
単耳による知覚

3次元空間の把握

図3.24　両眼による空間知覚

＜両眼視差＞
右目と左目の網膜に映る
物体の像の形状のズレ

＜輻輳＞
1つの物体を見ようとする
ときの右目と左目の動き

図3.25　単眼による奥行き知覚手がかり

(1) 陰影　　(2) 重なり　　(3) 影　　(4) きめの勾配

(5) 相対的大きさ　(6) 線の広がり　(7) 鮮明度

図3.26　重なりにおけるT接合

T接合

遮蔽図形の輪郭線　被遮蔽図形の輪郭線

図3.27　両耳による空間知覚

＜両耳間時間差＞
右耳と左耳の鼓膜に
到達する音の時間差

＜両耳間音圧差＞
右耳と左耳の鼓膜に
到達する音の音圧差

T_L　T_R

I_L　I_R

6 認知地図

　私たちは，現在地から会社や学校までの道程を，頭の中でたどることがで
きる．つまり，身の回りの地理環境を何らかの心的表象として頭の中にもっ
ていると考えられる．アメリカの心理学者トールマンは，ネズミの迷路学習
において，エサを得るために空間情報を地図のような形で獲得していくと考
え，これを認知地図と呼んだ．トールマンは行動主義学者ではあったが，内
的プロセス解明の重要性を主張するなど認知科学者に近い考え方をもち，新
行動主義学者とも呼ばれた．以降，認知地図に関しては多くの研究があり，
次のような，異方性やひずみという特性が論じられている．

　（1）異方性：図3.28の3つの図形をみたときに，それぞれ垂直線分に線
対称か水平線分に線対称かがすぐ判断できるだろうか？　アメリカの実験心
理学者ロックらによれば，図形の線対称判断に要する時間は水平成分よりも
垂直成分に対する場合の方が短いという．この例では，①と③が水平線分に
線対称，②が垂直線分に線対称である．このように，縦方向と横方向で視覚
の特性が異なる性質は異方性と呼ばれる．また，図3.29の3つの図形を見た
ときに，正方形がどれであるかすぐにわかるだろうか？　②と③は横の線分
よりも縦の線分が短く正方形ではない．このように，縦方向は横方向に比べ
て過大視されやすい．これも異方性である．

　（2）ひずみ：実空間交差点での弱い鋭角や鈍角は90度に知覚，記憶され
やすい．放射状の道を歩いていると方向がわからなくなってしまうのもこの
ためだ．また，同じ距離でも交差点の数が多い方が長く知覚されやすいこと
が知られている．これらはひずみの例である．

　旧ソ連の心理学者シェミャーキンは，認知地図のタイプに，**サーベイマッ
プ**と**ルートマップ**の2つがあるとしている（図3.30）．前者はいわゆる地図
を上から見るようなイメージで描かれた心的表象であり，全体の関係を把握
でき，距離感覚も比較的正確である．ただし，縦方向を若干長く知覚する異
方性が認められることがある．後者は街中をウォークスルーのように進んで
いくイメージで記憶された心的表象であり，全体把握は困難で距離感覚も正
確ではないが等方性をもつ．

　頭の中で図形を回転させることを**メンタルローテーション**（**心的回転**）と
呼ぶ（図3.31）．メンタルローテーションは，脳にとって負荷の大きい作業
で，回転角度が大きいほど，処理時間が増大する．アメリカの認知心理学者
シェパードらは，実際に，ある図形をいろいろな角度に回転したものが元の

図形と同じかどうかを実験協力者に判断させる実験を行い，反応時間が回転角度に比例することを確かめた（**図3.32**）．このことは，図形を頭の中で回転する作業は，実際の物理的な図形を空間で手を使って回転するようなイメージで行われていることを示唆しているともいえる．メンタルローテーションは，地図を用いた空間認知において大きな役割を果たし，地図に対する自分の位置や向きの相対的な関係が実際の空間方向の判断に影響を与える．この特性は整列効果と呼ばれている．

図3.28 縦に線対称か横に線対称か？

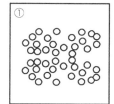
①

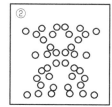
②

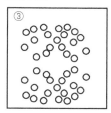
③

図3.29 どれが正方形か？

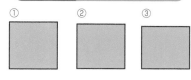
①　　②　　③

図3.30 認知地図のタイプ

サーベイマップ　　　ルートマップ

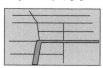

・全体把握が容易　　　　　・全体把握は困難
・距離感覚は比較的正確　　・距離感覚は正確ではない
・異方性あり　　　　　　　・等方性をもつ

図3.31 メンタルローテーション

頭の中で図形を
回転するのは
難しい．

図3.32 立体回転角度と判断時間

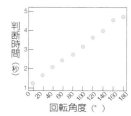

判断時間（秒）

回転角度（°）

（シェパード文献［1991］の図を一部改変）

7 時間知覚

　私たちは，同じ時間でも異なる長さに感じることをよく経験する．時間の経過を知覚する際，数秒以上の長い経過時間や過去の持続時間の知覚は**時間評価**と呼ばれ，それよりも短い時間の知覚は**時間知覚**と呼ばれる．

　時間評価や時間知覚については，その主観的な長さに影響を与える要因として，物理的な時間長の他に，(1) 体の代謝状態（体温が高い/低いなど），(2) 感情状態（楽しい/怖いなど），(3) 視覚・聴覚刺激の有無（動画を観る/観ない，音楽を聴く/聴かないなど），(4) 刺激の新規性（はじめての経験/経験済みなど），(5) 注意の有無，(6) 課題の難度などが指摘されている．(3) の視覚・聴覚刺激の有無では，経過時間中に何の刺激も提示されない場合を**空虚時間**，動画や音楽など連続的あるいは断続的な刺激が提示される場合を**充実時間**と呼ぶことがある．この両者の間には，知覚する時間の差が出てくる．一般には，充実時間の方が空虚時間より短く評価される傾向にある（**図3.33**）．さらに，視覚刺激の場合，静止刺激より運動刺激提示の方が時間が長く評価される，怒り顔より平静顔提示の方が短く評価されるなど，さまざまな研究報告がある．

　心理学者田山によれば，時間知覚のモデルには内的時計に基づく精神物理学的モデルが多く，時間評価のモデルには認知処理量に基づく認知的モデルが多いという．前者には，パルスカウントのような時間計測を行うシステムが内的に備わっているという前提で，蓄積されたパルスに基づき時間計測するというイギリスの認知心理学者トリーズマンの**時間保持機構モデル**や，時間を確率的に推定するアメリカの心理学者メックらの**ベイズ推定モデル**，時間制御機構としての視床皮質線条体回路による**時間知覚モデル**などが提案されている．時間保持機構モデルは，特殊賦活中枢により活性化されたペースメーカーがパルスを生成し，そのパルスをカウンタがカウントして所定の時間で反応を選択するという古典的モデルである（**図3.34**）．後者には，時程，すなわち時々刻々の活動の蓄積により持続時間を説明するアメリカの心理学者オーンスタインの**蓄積容量モデル**，注意の動きや情動の変化などの認知的文脈の変化に着目したアメリカの心理学者ブロックの**文脈変化モデル**，田山の**図式モデル**などがある．図式モデルでは，情報処理機構と時間意識機構という2つの機構を仮定する（**図3.35**）．情報処理機構は外界からの刺激に対して人間がもつ予期や期待の知覚的図式が絶えず修正するメカニズムで，これが時間評価に影響する．例えば，動画や音楽のような運動刺激の場

合は，静止刺激の場合よりも修正頻度や速度が大きく，予期や期待との差が大きくなり時間を長く感じる．もう1つの時間意識機構は，時間に注意を向けるメカニズムであり，この注意の大きさも時間評価に影響する．運動刺激の場合は変化が大きく，注意がそちらに向くために時間に注意が向きにくいが，静止刺激の場合には変化が少ないために注意が時間に向けられ，時間を長く感じる．

図3.33 空虚時間と充実時間

空虚時間
その間に刺激の提示なし

充実時間
その間に刺激を連続または断続提示

＞

視覚・聴覚刺激のある／なし，注意を向ける／向けないなどで，時間の長さの感じ方も変わるのか．

充実時間の方が，空虚時間よりも短く評価される傾向にある

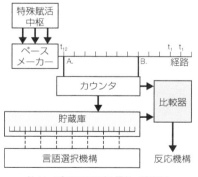

図3.34 時間保持機構モデル

特殊賦活中枢

ペースメーカー

t_{12} A. B. t_1 t_1 経路

カウンタ

貯蔵庫

比較器

言語選択機構

反応機構

（トリーズマンのモデル図を一部改変）

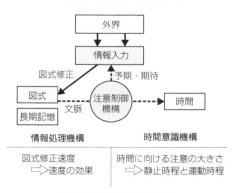

図3.35 図式モデル

外界

情報入力

図式修正

図式

長期記憶

文脈

予期・期待

注意制御機構

時間

情報処理機構 ｜ 時間意識機構

図式修正速度
⇨速度の効果

時間に向ける注意の大きさ
⇨静止時程と運動時程

（田山のモデル図を一部改変）

8 コンピュータによる音声認識

　コンピュータに画像を認識させたり音声を認識させたりするパタン認識技術では，私たちが見たり聞いたりしたことのないものを認識できないように，辞書が必要であり，この辞書パタンとの照合手法がキー技術の1つとなる．ここでは，音声認識技術を例にとり，照合手法を中心に説明する．音声認識の一般的な処理ブロックを図3.36に示す．

　まず，前処理では，入力されたアナログ信号をデジタル化したり，ノイズの除去やラフな音声区間の検出などを行ったりする．

　続く特徴抽出では，前処理された信号から，辞書パタンとの照合に使う特徴量を抽出する．特徴量には音韻性を担うスペクトルの形状やスペクトルの時間的な遷移特性の情報などが使われる．これらの特徴量を用いて，ここで改めて高精度に音声区間を検出する場合もある．

　照合ブロックでは，特徴量を用いてあらかじめ登録されている辞書パタンの各々と順次照合していき，尤度（もっともらしさ）が最大のものを認識結果と判定する．音声認識では，辞書パタンとして，音素のつながりやすさをみる**音響モデル**と，単語としてのつながりやすさをみる**言語モデル**に分けてもつことが多い．ただ，人間なので辞書パタン通りに発話することはまずない．つまり，入力時の発話変動に強くなければならない．例えば，/a/,/b/を音素としたときに，/aba/という音声が，発話変動により音素の一部が伸びて/aaba/となったり/abba/となったりする．こういった時間方向の非線形な伸縮を吸収する必要があるため，音響モデルは，音素レベルの単位のつながりの確率を**HMM**（Hidden Markov Model，**隠れマルコフモデル**）でモデル化したものが多く使われる．HMMは，辞書としての音声を音素レベル単位の時系列と考えて数個の状態の遷移図で表現し，各状態での音素の生起確率と状態間の遷移確率を学習で求めておき，入力音声との照合を行いながら音素の出力確率を計算していくもので，確率的変動を反映させたモデルである．同モデルでは，初期状態S_0から最終状態S_nまでシンボル（音素の特徴ベクトル）を出力しながら遷移する．人間でいえば，例えば，沈んだ気持ちの状態で「うーん」とつぶやいて（シンボルを出力）また沈んだり（自己ループ），「よし！」とつぶやいて（シンボルを出力）元気な状態に切り替わったり（遷移），という動きのようなものである．これら自己ループや遷移，シンボルの出力が確率的に起こるというわけだ．説明を簡単にするために，図3.37のように離散値の音素出力確率と状態遷移確率を仮定

する．同図（1）では，S_0からS_1に遷移する確率が0.4，その際に/a/を出力する確率が0.2，/b/を出力する確率が0.8である．よって，S_0からS_1に遷移して/a/を出力する確率は，0.4×0.2となる．例えば，$S_0 \Rightarrow S_0 \Rightarrow S_0 \Rightarrow S_1 \Rightarrow S_2$のように遷移すると/abba/を出力することができ，その確率は，それぞれの項目での遷移の確率とシンボルの出力確率の積をすべてかけ合わせた$(0.6 \times 0.9) \times (0.6 \times 0.1) \times (0.4 \times 0.8) \times (0.7 \times 0.6)$となる．同図（1）のモデルが/abba/を出力するパスは，同図（2）ですべてであり，それぞれのパスでの/abba/の出力確率は同図（3）のようになる．/abba/の出力はいずれのパスでもよいので，同モデルが/abba/を出力する確率Pは，

$$P = P(abba|パス①) + P(abba|パス②) + \cdots + P(abba|パス⑥)$$
$$= (0.6 \times 0.9) \times (0.6 \times 0.1) \times (0.4 \times 0.8) \times (0.7 \times 0.6)$$
$$+ \cdots + (0.4 \times 0.2) \times (0.7 \times 0.4) \times (1.0 \times 0.3) \times (1.0 \times 0.7)$$

と算出される．このHMMを単語辞書の各項目について保持しておき，入力されたパタンに対し，どの音素列HMMが最も高い確率で出力されるかを判定する．実際には，確率はこのように離散値ではなく連続確率分布関数を用いてPを計算する．不特定話者対応の音声認識では，多くの話者の音声からの学習によりHMMを構築しておくことが重要である．

　現在では，15.8節で述べるディープラーニング技術を用いた音響モデルと言語モデルの機械学習が主流で，高い音声認識精度が得られている．

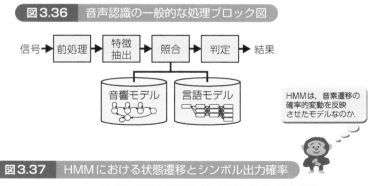

図3.36 音声認識の一般的な処理ブロック図

信号 → 前処理 → 特徴抽出 → 照合 → 判定 → 結果

音響モデル　言語モデル

HMMは，音素遷移の確率的変動を反映させたモデルなのか．

図3.37 HMMにおける状態遷移とシンボル出力確率

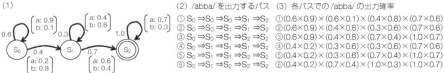

(1)

(2) /abba/を出力するパス　(3) 各パスでの/abba/の出力確率

① $S_0 \Rightarrow S_0 \Rightarrow S_0 \Rightarrow S_1 \Rightarrow S_2$　①$(0.6 \times 0.9) \times (0.6 \times 0.1) \times (0.4 \times 0.8) \times (0.7 \times 0.6)$
② $S_0 \Rightarrow S_0 \Rightarrow S_1 \Rightarrow S_1 \Rightarrow S_2$　②$(0.6 \times 0.9) \times (0.4 \times 0.8) \times (0.3 \times 0.6) \times (0.7 \times 0.6)$
③ $S_0 \Rightarrow S_0 \Rightarrow S_1 \Rightarrow S_2 \Rightarrow S_2$　③$(0.6 \times 0.9) \times (0.4 \times 0.8) \times (0.7 \times 0.4) \times (1.0 \times 0.7)$
④ $S_0 \Rightarrow S_1 \Rightarrow S_1 \Rightarrow S_1 \Rightarrow S_2$　④$(0.4 \times 0.2) \times (0.3 \times 0.6) \times (0.3 \times 0.6) \times (0.7 \times 0.6)$
⑤ $S_0 \Rightarrow S_1 \Rightarrow S_1 \Rightarrow S_2 \Rightarrow S_2$　⑤$(0.4 \times 0.2) \times (0.3 \times 0.6) \times (0.7 \times 0.4) \times (1.0 \times 0.7)$
⑥ $S_0 \Rightarrow S_1 \Rightarrow S_2 \Rightarrow S_2 \Rightarrow S_2$　⑥$(0.4 \times 0.2) \times (0.7 \times 0.4) \times (1.0 \times 0.3) \times (1.0 \times 0.7)$

〈参考文献〉

- Block, R. A. (1982). Temporal judgments and contextual change. *Journal of Experimental Psychology: Learning, Memory, and Cognition, 8*(6), 530.
- Rock, I., & Leaman, R. (1963). An experimental analysis of visual symmetry. *Acta Psychologica.*
- Shemyakin, F. N. (1962). Orientation in space. *Psychological Science in the USSR, 1*, 186-255.
- Shepard, R. N., & Metzler, J. (1971). Mental rotation of three-dimensional objects. *Science, 171*(3972), 701-703.
- Treisman, M. (1963). Temporal discrimination and the indifference interval: Implications for a model of the "internal clock". *Psychological Monographs: General and Applied, 77*(13), 1.
- ロバート・オーンスタイン（著），本田時雄（訳）(1975)．時間体験の心理　岩崎学術出版社
- 神田直之 (2017)．音声認識における深層学習に基づく音響モデル　日本音響学会誌，73巻，1号
- 北岡明佳 (2011)．知覚心理学　ミネルヴァ書房
- 北原義典 (2009)．謎解き・人間行動の不思議　講談社
- クラッキー，R. L.（著），箱田裕司，中溝幸夫（訳）(1982)．記憶のしくみⅠ：認知心理学的アプローチ 第2版　サイエンス社
- 御領謙，菊地正，江草浩幸，伊集院睦雄，服部雅史，井関龍太 (2016)．認知心理学への招待 改訂版　サイエンス社
- 田山忠行 (1987)．時間知覚のモデルと時間評価のモデル　心理学評論，第30巻
- 田山忠行 (2018)．近年の時間知覚研究の諸問題とモデル　北海道大学文学研究科紀要，155
- 中村秀 (1957)．心理学　朝倉書店
- 箱田裕司，都築誉史 (2010)．認知心理学（New Liberal Arts Selection）　有斐閣
- 松田隆夫 (2000)．知覚心理学の基礎　培風館
- 松井孝雄 (1992)．空間認知の異方性と参照枠―整列効果はなぜ生じるのか？　慶應義塾大学大学院社会学研究科紀要，34
- 道又爾，北崎充晃，大久保街亜，今井久登，山川恵子，黒沢学 (2011)．認知心理学 新版　有斐閣
- 森敏昭，井上毅，松井孝雄 (1995)．グラフィック 認知心理学　サイエンス社
- 若林芳樹 (2008)．地理空間の認知における地図の役割　Cognitive Studies, 15(1)
- 横澤一彦 (2010)．視覚科学　勁草書房

記　憶

何年も思い出したことのなかったはるか昔の友人の名前が，ある日突然頭に浮かんだ経験がないだろうか？　つまり，長い間思い出すことはない事柄でも，消えたわけではなく残っていて，何かをきっかけに引き出されるということになる．また，聞いたばかりの電話番号はすぐ忘れるのに，はるか昔に覚えた掛け算九九は完全に覚えているなど，記憶は不思議だ．本章では，記憶の種類や興味深い特性を探る．加えて，コンピュータのデータ記憶方式についても学習する．

第4章

1 記憶の構造

　記憶のプロセスは，コンピュータになぞらえていえば，外界の情報を感覚器を通じて取り入れ，処理できる形式，すなわち心的表象に変換する（符号化）→符号化した心的表象を記憶領域に保存する（貯蔵）→貯蔵されている心的表象から特定の情報を取り出す（検索）の連鎖といえる（図4.1）．言い換えれば，記銘→保持→想起という過程である．アメリカの心理学者アトキンソンらの二重貯蔵モデルによれば，入力された情報は，感覚貯蔵を経て，短期記憶に一時保存され，リハーサルによって長期記憶への長期的保存がなされていく（図4.2）．リハーサルとは，何度も書いたり唱えたりするなど再現を繰り返すことであり，アメリカの実験心理学者ランダスは，実験協力者に複数の単語を一語ずつ提示し，それぞれ復唱を繰り返す課題を与え，各単語の再生率を調べた．その結果，初期であるほどリハーサル回数の多さが再生率向上に高い効果を示すことがわかった（図4.3）．リハーサルには，情報を短期記憶に維持する維持リハーサルと，何かの情報と関連づけるなどして記銘しやすくし長期記憶に転送する精緻化リハーサルの2つがあると考えられている．横断歩道に設置された歩行者用信号機は図4.4の（A）（B）のどちらが正しいか答えられるだろうか？　上述のように，短期記憶に入れた情報を長期記憶に転送するためには，精緻化リハーサルを繰り返すことが必要となるのだが，精緻化リハーサルでは，符号化しようという意識をもって繰り返さないと，情報は長期記憶に転送されない．感覚貯蔵では，視覚器，聴覚器，触覚器など各器官からの情報が短期記憶に送り込まれるまでのほんの数百ミリ秒から数秒だけ保存される．図4.4では（B）が正解であるが，日常的に見ているにもかかわらず答えられない人が多いのは，意識をもって繰り返す精緻化リハーサルが行われていないためだと考えられる．

　この二重貯蔵モデルに対して，処理水準モデルがある（図4.5）．同モデルは，長期記憶への転送は，反復の回数（量）ではなく，処理のレベル（質）であるという考え方に基づく．カナダの認知心理学者クレイクとロックハートは，単語を用いて処理の深さと記憶に関する実験を行い，文字の形などの構造的符号化レベル，読み方を音にした音韻的符号化レベル，意味まで考慮した意味処理レベルの3段階で，記憶の精緻化成績が上がることを確かめた．例えば，「ガクシャ」という単語を実験協力者に提示し，この中に拗音_{ようおん}が含まれているかという質問に答えさせた場合，「カクシャ（各社）」と同じ発音やアクセントかなどの質問に答えさせた場合，「白衣を着ているか」な

どの質問に答えさせた場合で，再生の度合いが違うというわけである．

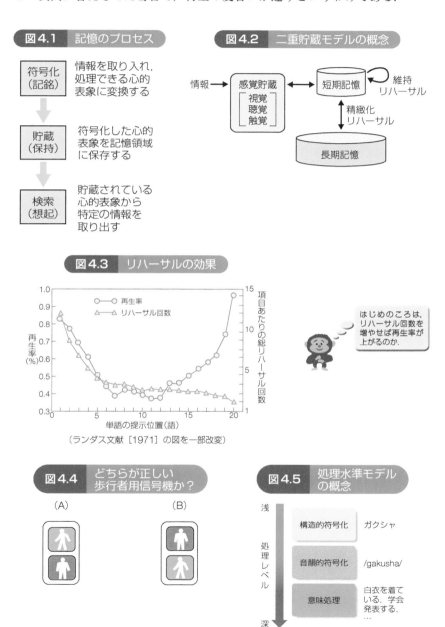

図4.1 記憶のプロセス

符号化（記銘）
情報を取り入れ，処理できる心的表象に変換する

貯蔵（保持）
符号化した心的表象を記憶領域に保存する

検索（想起）
貯蔵されている心的表象から特定の情報を取り出す

図4.2 二重貯蔵モデルの概念

情報 → 感覚貯蔵
視覚
聴覚
触覚
↔ 短期記憶
維持リハーサル
精緻化リハーサル
長期記憶

図4.3 リハーサルの効果

○—○ 再生率
△—△ リハーサル回数

再生率（%）
項目あたりの総リハーサル回数
単語の提示位置（語）

（ランダス文献［1971］の図を一部改変）

はじめのころは，リハーサル回数を増やせば再生率が上がるのか．

図4.4 どちらが正しい歩行者用信号機か？

（A）　　　（B）

図4.5 処理水準モデルの概念

浅
処理レベル
深

構造的符号化　ガクシャ

音韻的符号化　/gakusha/

意味処理　白衣を着ている，学会発表する，…

2 短期記憶からワーキングメモリへ

1.2節で触れたように，ミラーは二重貯蔵モデルにおける短期記憶の容量を計測した．記憶の量的単位は**チャンク**と呼ばれている．短期記憶では，おおよそ容量が7±2チャンク，文字数でいえば7±2文字ということになる．彼は，この7という数字を**マジカルナンバー**と呼んだ．例えば，実験協力者に対して次に提示する文字を覚えるよう教示し，音声で，

(P L K S B A U M P I O T B R Q)

と，アルファベットを順次読み上げる．直後に再生させると，おおよそ7文字前後程度しか再生できないことがわかる．ところが，

(MRI　　TPP　　USB　　AKB　　QOL)

という単語を順次読み上げると，すべて再生できる人も多い．文字数にすると15文字であり，7±2を大幅に超える．このように，チャンクは意味をもったまとまりの単位であり，文字であったり，単語であったりする（**図4.6**）．漢熟語，人名，地名，英単語，数字でもチャンクの対象になる．アメリカの心理学者ピーターソン夫妻は，次の4.3節で説明する**ブラウン–ピーターソン法**を用いた記憶単語想起実験を行い，短期記憶の保持時間が十数秒であることを見出した．多くの実験から，保持時間は十数秒～数十秒とされる．

二重貯蔵モデルでは，情報はリハーサルによって短期記憶から長期記憶に送られるという仕組みがベースにあるが，短期記憶に重い障害があるが長期記憶に問題はないという患者がいることから，同モデルが完全ではないことが指摘され始めた．イギリスの心理学者バデリーは，短期記憶は単に情報を一時的に記憶するだけではなくさまざまな認知処理も行うと考え，この機構を**ワーキングメモリ**（**作動記憶**）と呼んだ．例えば，「頭の中で，3と5を足した数に，7から2を引いた数を加えよ」と言われたら，3と5を足した8を中間結果として記憶し，7から2を引いた5も中間結果として記憶し，これら中間結果同士を足すという処理を行うことができるのがワーキングメモリというわけだ（**図4.7**）．バデリーの提案するワーキングメモリのモデルは，**図4.8**のように，言葉や発音を保存する**音韻ループ**，形や位置などを保存する**視空間スケッチパッド**，およびこれら2つのシステムを結びつけたり長期記憶との間をとりもったりする**エピソードバッファ**，そしてこれらをコントロールする**中央実行系**からなる．先の例では，3と5を足した8を「ハチ」という音（内的な音声）で記憶する場合には音韻ループ，「8」という文字の形で記憶する場合には視空間スケッチパッドを使うという具合である．音韻

ループはさらに，言語情報を一時的に保持する音韻ストアと，この情報を反復して持続保持できるようにする構音コントロール過程の2種のサブシステムから構成されると考えられている（図4.9）．このようなサブシステムは，音韻が類似した単語同士は記憶が困難になる音韻的類似性効果や，単語が長くなると記憶が困難になる語長効果から，その存在が指摘されたものである．

　最後に，図4.10にあげる問題の答えがすぐにわかるだろうか？　これについては，次の4.3節で解説する．

図4.6　短期記憶

容量：7±2チャンク
保持時間：十数秒～数十秒

短期記憶は，容量も少ないし，すぐに消えてしまうのか？

チャンクは意味をもったまとまりの単位で，
文字であったり，単語であったりする

図4.7　ワーキングメモリが使われる課題

3と5を足した数に，
7から2を引いた数を
加えよ

図4.8　ワーキングメモリモデル

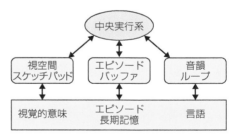

中央実行系

視空間スケッチパッド　エピソードバッファ　音韻ループ

視覚的意味　エピソード長期記憶　言語

図4.9　音韻ループのサブシステム

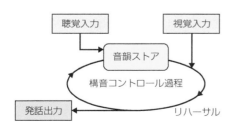

聴覚入力　視覚入力

音韻ストア

構音コントロール過程

発話出力　　リハーサル

図4.10　それぞれの□に入る漢字は？

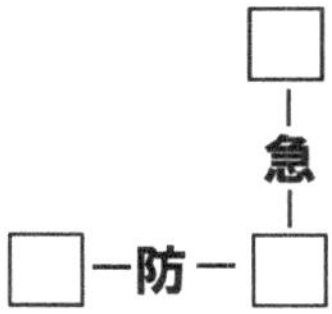

□
急
□—防—□

3 長期記憶

　アメリカの心理学者グランザーらは，実験協力者を2グループに分け，片方のグループに15個の単語を順次提示して覚えさせ，直後にそれらを順次再生させた．その結果，再生率は図4.11の青線のようになった．すなわち，順番の最初の方の単語の再生率が高く（**初頭効果**），その後次第に低下していくが，順番の最後の方の単語の再生率はまた高くなる（**新近効果**）という曲線が得られた．この曲線を**系列位置曲線**という．もう1つのグループには，同様に15個の単語を順次提示した後，30秒間，数字から3を引いていく逆カウントを行わせ（ブラウン–ピーターソン法），覚えた単語を順次再生させた．その結果，再生率の曲線は同図の赤線のようになった．すなわち，初頭効果はみられたが，新近効果はみられなかったのである．つまり，最後の方の単語は30秒の間に消えてしまったのだが，それ以前の単語は30秒たっても残っていたことになる．このことは，短期記憶と長期記憶の存在を示していると解釈される．

　長期記憶は，情報を事実上無制限かつ最大で永続的に保持できると考えられている．記憶している内容を何の手がかりもなく再現することを**再生**という．再生には，覚えた順序と同じ順序で再現する**系列再生**と，順序を問わずに自由に再現する**自由再生**とがある．また，提示された項目の中から記憶しているものを選び出すことを**再認**という．「日本の歴代の首相の名前を8名あげよ」という再生課題と「ここにある人名リストから日本の歴代の首相の名前を8名選べ」という再認課題を想定してみればわかるように，再生は再認に比べて困難であることが知られている（図4.12）．これについて**再生の2過程説**がある．これは，再生が，必要な情報の候補をあげるために記憶領域内を探索する段階と，あげた候補が正解情報であるかを照合する（再認）段階の2段階からなるという考え方である．そのために，再生は時間がかかってしまうというわけである．

　ところで，前節の図4.10の問題の答えはわかっただろうか？　この設問の10分前に，「昨夜この地域を襲った大きな地震により，家屋の崩壊だけでなく13軒の家で火事が発生し，街はパニック状態に陥った」などの話を聞かせると，先の問題に比較的容易に答えられる．筆者はある大学での講義の際に，この実験を行ったことがある．49名の学生からなる1つのクラスでは，上記の話を聞かせてからこの問題を30秒で解かせた．他方，43名の別のクラスでは，上記の話を聞かせずにこの問題を30秒で解かせた．その結果，

話を提示したクラスでは正解率が26.5％であったのに対し，話を提示していないクラスでは正解率が16.3％であった．

　このように，時間的に先行して提示された情報が，その後に続く再生に促進効果を与える現象を**プライミング効果**という．このプライミング効果には，上記のように意味関係に基づき促進される**意味的プライミング**の他に，音韻が似ていることによって促進される**音韻的プライミング**がある．このプライミング効果を説明するために，アメリカの認知科学者コリンズらは長期記憶における**活性化拡散モデル**を提案した（**図4.13**）．同モデルは，概念をノードで表現し，ある概念に対し意味的に関連する別の概念をアークで結合したネットワーク構造をもつ．このネットワークにおいては，ノード間のアークの長さは意味的な関連の強さを表している．同モデルでは，あるノードが活性化されると，アークを通じて関連したノードが次々と活性化されていく．先の問題の場合，火事という刺激により火や家という概念が活性化され，消防車や救急車が活性化されやすかったと考えられる．

図4.11 系列位置曲線

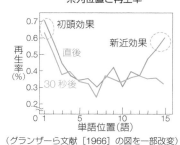

系列位置と再生率

（グランザーら文献［1966］の図を一部改変）

図4.13 活性化拡散モデル

（コリンズらのモデル図を一部改変）

図4.12 再生と再認

＜再生＞
日本の歴代の首相の
名前を8名あげよ

＜再認＞
日本の歴代の首相の
名前を8名選べ

荒木	麻生	岸田	片山	枝野
大平	大谷	前原	落合	小渕
習	堺屋	小泉	河野	鈴木
石破	竹下	白井	中田	世耕
橋本	石原	安倍	早川	福島
小野寺	菅	細川	丸川	山本
志位	福田	村山	和田	萩生田

再認よりも再生の方が
難しいんだ．

4 宣言的記憶と手続き的記憶

　長期記憶は，**図4.14**のように，**宣言的記憶**と**手続き的記憶**に分けられている．宣言的記憶は，言語で表現できる知識の記憶をいう．宣言的記憶には，言葉とその概念・意味を記憶する**意味記憶**と，体験に結びつけて記憶する**エピソード記憶**とがある．意味記憶は「フランスの首都はパリである」のように一般的な知識に関する記憶で，日常において，書籍やインターネット，新聞，テレビなどのさまざまな情報源から得た内容を記銘したものである．このように，意味記憶は，どこから，いつ，どのようにして得たのかによらない記憶だ．一方のエピソード記憶は，「7月最後の日曜日に，赤坂の交差点で追突事故を見た」などのように，時間や空間という文脈の中で記銘された，いわば日記のような記憶で，いつ，どこで何をしたかという体験がベースとなる．エピソード記憶の内容は，意識的に精緻化リハーサルを行わなくても長期記憶として残りやすい．このように，意識を伴って想起する記憶処理は**顕在記憶**とも呼ばれる．

　手続き的記憶は，泳ぎ方やくぎの打ち方のように，言語では表現しにくい行為の方法や技術的スキルに関する記憶である．よく「体で覚える」などとも表現される．宣言的記憶がwhat, when, where, whoなどに関する記憶であるのに対し，手続き的記憶はhowに関する記憶ともいえる．手続き的記憶は想起する際に特に意識を伴わないため，**潜在記憶**とも呼ばれる．

　宣言的記憶と手続き的記憶によって保存されている体制化された情報は，それぞれ**宣言的知識**と**手続き的知識**と呼ばれる．日本の認知科学者鈴木宏昭は，これらの知識がもつ特徴として有用性を指摘し，その性質として，①一般性，②応答性，③関係性をあげている．まず，一般性については，例えば「走行中の自動車が歩行者に衝突すると歩行者は死傷する」という知識はほとんどの自動車についていえることから，一般性をもち，さまざまな場面で有用になり得る．また，この知識が有用になるためには，自動車が車庫に駐車しているときではなく，走行中に想起される必要がある．これが応答性だ．さらに，この知識を有用にするためには，「自動車，走行，道路，横断歩道，歩行者，衝突，救急車，病院，……」のように多くの他の概念と関係性をもっていることが重要である．一方，例えば，「私の所有する自動車は赤いボディで細かいラメ模様をもつ」などは有用とはいえないので，知識とは呼ばないという．

　4.3節で述べたプライミング効果では，先行刺激が後続再生を促進する

が，実験協力者は，先行刺激を意識することなく後の再生を行う．これは意識を伴わない記憶処理であり潜在記憶である．4.1節の処理水準モデルは，意味処理までの水準が深いほど精緻化リハーサルの精度も上がるというものだったが，顕在記憶では意味処理を必要とする一方，潜在記憶では意識を伴うわけではないので意味処理を必要としない．これらの特性の違いを示す，アメリカの認知心理学者ジャコビによる実験がある．この実験では，実験協力者に，顕在記憶測定法として再認テスト，潜在記憶測定法として単語を一瞬提示し同定させるテスト（知覚的同定課題）を行わせる．その際，手がかりのない条件（文脈なし），関連ある手がかり単語と対で記銘すべき単語を提示する条件（文脈あり），関連ある手がかり単語を提示し記銘すべき単語を生成させる条件（生成）の3条件をつくり，それぞれの再現正解率を測定した．その結果，図4.15のように，顕在記憶では，文脈なし，文脈あり，生成の順で正解率が向上した．すなわち，処理レベルが深くなるほど成績が向上するということがわかる．他方，潜在記憶では，処理レベルが深くなっても，成績が向上せずむしろ下降することがわかる．これは，潜在記憶が，意味処理ではなく知覚処理レベルでなされているからであると考えられている．

図4.14　長期記憶

図4.15　潜在記憶と顕在記憶の特性

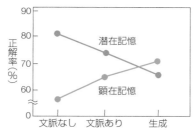

（ジャコビ文献［1983］の図を一部改変）

5 忘 却

　長期記憶に保存された情報は，時間がたつにつれて，想起されにくくなったり消えたりする．これが**忘却**だ．一般に，記銘の直後では忘却の速度が速く，だんだんに緩やかになり，落ち着く．この**忘却曲線**でよく知られているものに，**図4.16**に示す**エビングハウスの忘却曲線**がある．これは，ドイツの心理学者エビングハウスが，無意味綴り単語を学習によって完全に覚えた後，一定時間おきに学習を繰り返し，どのくらい再学習が不要か（つまりどのくらい覚えているか）を測定して得た曲線である．1時間後には44.2 ％，1日後には33.7 ％，7日後には25.4 ％しか保持しておらず，それ以降は20 ％程度に落ち着き，この時点で覚えている内容の多くは長く保持される．

　私たちの日常では，無意味綴りを覚えることはあまりなく，実際の忘却の経過はこのような曲線にはならないが，工夫した精緻化リハーサルにより，保持できる量を多くしたり，保持時間を長くしたりすることができる．

　忘れてしまっていると思い込んでいたかなり昔の知識や出来事でも，何かをきっかけに思い出すことがある．これは，情報が完全に消えてしまったわけではなく，取り出すことができなかっただけのことであるということを示している．イギリスの心理学者ゴドンとバデリーは，スキューバダイバーに，水中または陸上において単語リストを覚えさせた後，やはり水中または陸上でそれらを再生させた．その結果，覚えたときと再生するときの環境が一致している方が，一致していない環境よりも，それぞれの再生率が高かった（**図4.17**）．このように，符号化の際の状況と検索の際の状況が近い方が再生率が高くなる特性を**文脈依存性**という．カナダの認知心理学者タルヴィングとトムソンも，符号化の際と検索の際の文脈が一致しているほど再生しやすいことを実験で確かめ，これを**符号化特定性原理**とした．例えば，あるモノが急に必要になって別の部屋まで取りに行ったにもかかわらず，何を取りに来たのかを忘れてしまった場合，何の作業をしていて必要になったのかを思い出せば，取りに来たモノを思い出せるというわけだ．これは必ずしも検索の容易さが処理の深さに依存しないことを意味する．

　ここで，忘却の原因について考える．4.3節で紹介した系列位置曲線において，短期記憶では時間がたつと記憶内容が消えてしまったのだが，このときのブラウン-ピーターソン法の妨害としての課題は数字の逆カウントであり，覚えるべき単語の性質とは異なるため，干渉はほとんどないと考えられていた．そのため，貯蔵内容の**減衰説**が支持された．しかし，この実験で，

実験協力者が試行を重ねるたびに再生率が低下したという事実から，どんどん符号化されてくる情報が貯蔵や検索に干渉するという**干渉説**が支持されはじめた．アメリカの心理学者ケッペルとアンダーウッドも，記憶した単語の再生率と試行回数との関係を調べ，短時間の保持はできているものの試行回数を重ねるほど再生率が低下することを確認した（**図4.18**）．その後，さまざまな研究者が，すでに貯蔵している情報が新たに記銘する情報に干渉を及ぼす順向抑制によるものと結論づけた．この**順向抑制**に対し，新たに記銘した情報がすでに貯蔵している情報に及ぼす干渉，すなわち**逆向抑制**の存在も確認された．逆向抑制は，学習の解除と呼ばれることもある．このようにして，干渉説が減衰説に取って代わっていった．

図4.16　エビングハウスの忘却曲線

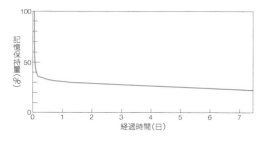

無意味綴りだと，覚えた直後では忘れ方が急で，だんだん緩やかになっていったというわけか．

図4.17　文脈依存性の実験

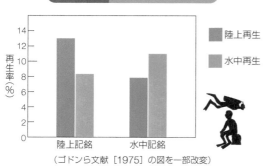

陸上再生
水中再生

（ゴドンら文献［1975］の図を一部改変）

図4.18　順向抑制の実験

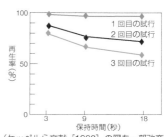

1回目の試行
2回目の試行
3回目の試行

（ケッペルら文献［1962］の図を一部改変）

6 コンピュータの記憶装置

　情報の記憶を工学的に実現させた初期のコンピュータ主記憶装置は，**磁気コア**を用いたものである．ドーナツ状のフェライトの穴に通した電線にある一定量a以上の電流を通すと，**図4.19**のように，フェライト上に磁束が生じ，磁化される．磁化されれば，電流が止まっても磁化された状態が保持される．磁束の方向は，電流の進行方向に対して右回りだ．この現象を利用して，例えば，右回りに磁束が生じた場合を「1」，左回りに生じた場合を「0」とすれば，1ビットに相当する「1」と「0」を記憶させることができる．これらのコアを**図4.20**のように格子状の電線の交点に置く**コアマトリクス**では，縦線の下から$a/2$，横線の左から$a/2$の電流が来たときに交点のコアが1を記憶し，縦線の上から$a/2$，横線の右から$a/2$の電流が来たときに0を記憶することになり，所望の場所に1や0を記憶させられる．

　やがて，記憶はコアに代わって**キャパシタ**と**トランジスタ**が担うようになった．**図4.21**のように，記憶方式には，人間の短期記憶に相当する**RAM**（Random Access Memory）と長期記憶に相当する**ROM**（Read Only Memory）とがある．このうち，RAMには**DRAM**（Dynamic RAM）と**SRAM**（Static RAM）とがある．

　DRAMは放置すると内容が消えてしまう記憶方式で，キャパシタを用いて現在の状態保持を実現している．すなわち，キャパシタ内に電荷がたまっていない状態を0を記憶していることとし，電荷がある一定量以上たまっている状態を1を記憶しているとする．**図4.22**のように，ワード線に高電位をかけた状態でビット線に電圧をかけると，キャパシタ内に電荷がたまって1を記憶することになり，ワード線に高電位をかけた状態でビット線に電圧をかけないと，たまった電荷が急激に放電され，記憶した情報が消えてしまうことになる．電圧の制御はトランジスタを用いて行う．ワード線とビット線は，上述のコアマトリクスにおける横と縦の電線と考えてもらえばよい．

　SRAMは逆の信号が入力されるまで現在の状態を保持する機構で，**フリップフロップ回路**で実現している．フリップフロップ回路は，**図4.23**のようにNORゲートを用いた回路で，左上段の入力を1とすると右下段の出力が1になり，左上段の入力を0にしても右下段の出力は保持される．左下段の入力を1とすると右下段の出力が0になり，左下段の入力を0にしても右下段の出力は保持される，という仕組みの回路である．

　一方のROMは，電源を落としても消えないいわゆる不揮発性メモリで，

製造工程で必要な情報を書き込んでしまい，その後の書き込みができないようにしている．

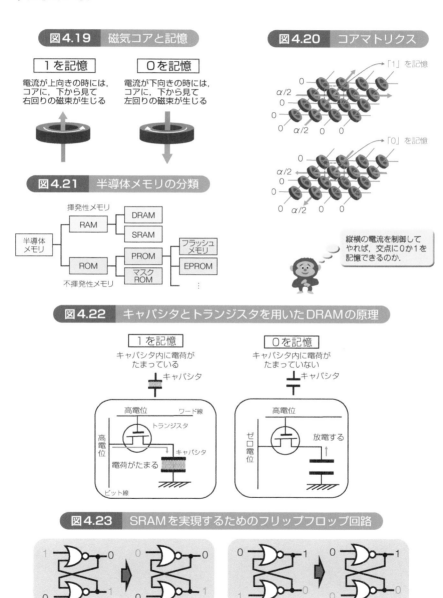

図4.19 磁気コアと記憶

1を記憶
電流が上向きの時には，コアに，下から見て右回りの磁束が生じる

0を記憶
電流が下向きの時には，コアに，下から見て左回りの磁束が生じる

図4.20 コアマトリクス

縦横の電流を制御してやれば，交点に0か1を記憶できるのか.

図4.21 半導体メモリの分類

図4.22 キャパシタとトランジスタを用いたDRAMの原理

1を記憶
キャパシタ内に電荷がたまっている

0を記憶
キャパシタ内に電荷がたまっていない

図4.23 SRAMを実現するためのフリップフロップ回路

〈参考文献〉

● Collins, A. M., & Loftus, E. F. (1975). A spreading-activation theory of semantic processing. *Psychological review, 82*(6), 407.

● Craik, F. I., & Lockhart, R. S. (1972). Levels of processing: A framework for memory research. *Journal of verbal learning and verbal behavior, 11*(6), 671-684.

● Ebbinghaus, H. (2013). Memory: A contribution to experimental psychology. *Annals of neurosciences, 20*(4), 155.

● Glanzer, M., & Cunitz, A. R. (1966). Two storage mechanisms in free recall. *Journal of verbal learning and verbal behavior, 5*(4), 351-360.

● Godden, D. R., & Baddeley, A. D. (1975). Context-dependent memory in two natural environments: On land and underwater. *British Journal of psychology, 66*(3), 325-331.

● Jacoby, L. L. (1983). Remembering the data: Analyzing interactive processes in reading. *Journal of verbal learning and verbal behavior, 22*(5), 485-508.

● Keppel, G., & Underwood, B. J. (1962). Proactive inhibition in short-term retention of single items. *Journal of verbal learning and verbal behavior, 1*(3), 153-161.

● Rundus, D. (1971). Analysis of rehearsal processes in free recall. *Journal of experimental psychology, 89*(1), 63

● Tulving, E., & Thomson, D. M. (1973). Encoding specificity and retrieval processes in episodic memory. *Psychological review, 80*(5), 352.

● 苧阪満里子（2002）．ワーキングメモリ─脳のメモ帳　新曜社

● 神谷俊次（1982）．項目探索課題における維持的リハーサルの役割　心理学研究，第53巻，第2号

● クラッキー，R. L.（著），箱田裕司，中溝幸夫（訳）（1982）．記憶のしくみⅠ：認知心理学的アプローチ 第2版　サイエンス社

● クラッキー，R. L.（著），箱田裕司，中溝幸夫（訳）（1982）．記憶のしくみⅡ：認知心理学的アプローチ 第2版　サイエンス社

● 御領謙，菊地正，江草浩幸，伊集院睦雄，服部雅史，井関龍太（2016）．認知心理学への招待 改訂版　サイエンス社

● 鈴木宏昭（2016）．教養としての認知科学　東京大学出版会

● 電子情報通信学会（2010）．集積回路　電子情報通信学会，知識ベース10群

● 箱田裕司，都築誉史（2010）．認知心理学（New Liberal Arts Selection）　有斐閣

● 道又爾，北崎充晃，大久保街亜，今井久登，山川恵子，黒沢学（2011）．認知心理学 新版　有斐閣

● 水本豪（2013）．言語性短期記憶に及ぼす発音容易性の影響　保健科学研究誌，No.10

● 森敏昭，井上毅，松井孝雄（1995）．グラフィック 認知心理学　サイエンス社

注　意

筆者は趣味でマジックを演じることがあるが，投げ上げたシルクハンカチなどに客の注意をひきつけて，その間に別のところから何かを出すミスディレクションという技を使うことがある．一方で，好きなアーティストの歌を聴きながら，あるいはラジオの音声を聴きながら勉強するとはかどるという人がいる．私たちは複数のことに同じように注意を向けられるのだろうか？　それとも，1つのことに対してしか集中できないのだろうか？本章では，注意という特性について考える．あわせて，聴覚的注意を工学的に実現した研究例も紹介する．

1 選択的注意

　読書をしている最中にBGMをかけることがあるが，BGMが興味深い歌詞を含んでいたり，曲に合わせて歌っていたりすると，学習効率や作業効率が低下することがある．処理をするために，脳が対象物に感覚や意識を向けることを注意という．この場合，注意を向けた対象以外の情報の入力は抑制される．よって，BGMに注意が向くと勉強や仕事に関する情報の入力が抑制され，効率が下がるというわけだ．この選んだ対象に集中する特性は，**選択的注意**と呼ばれる．選択的注意は，注意に使われるエネルギー量はほぼ一定であって，あることに使われると他のことに使う注意のエネルギー量が減ることによると考えることも可能である．これを**処理資源有限説**という（**図5.1**）．アメリカの行動経済学者カーネマンは，この有限資源の使える容量について，さまざまな決定要因に対して，継続的な特性と一時的な用途に応じて配分方針が決まるという**注意資源配分モデル**を提案した（**図5.2**）．同モデルでは，注意資源が，何か動くものはあるか，会話の中に自分の名前がないかなど常に払われる継続的な特性と，「傷を負った赤毛の男を探す」など意図的で一時的な用途とによって，配分方針が決定する．

　選択的注意に関する代表的なモデルには，以下のものがある．

　（1）**フィルタモデル**（イギリスの認知心理学者ブロードベント）：注意を向けている情報のみがフィルタを通過し，脳内で処理される．他方，注意を向けていない情報はフィルタでカットされる（**図5.3**）．しかしこれでは，勉強しながらラジオをかけているときに，ほとんどラジオの内容が頭に残らないほど勉強に集中していても，自分の苗字や名前と同じ人名が流れるとふとそちらに注意が移るという現象を説明できない．

　（2）**減衰モデル**（アメリカの認知心理学者トリーズマン）：注意を向けている情報はそのままフィルタを通過する一方で，注意を向けていない情報はフィルタを全く通過しないのではなく，情報を減らして通過し，ある程度分析がなされる（**図5.4**）．しかし，ラジオから自分と同じ名前が流れるとそちらに注意が移るという上記の現象は，分析だけをするというこの減衰モデルでも説明しきれない．

　（3）**後期選択モデル**（アメリカの認知心理学者ドイチェら）：入ってくる情報はすべて意味分析までなされ，情報の選択は後期の段階で行う．この後期選択モデルに対し，上記のフィルタモデルや減衰モデルは初期選択モデルということにもなる．イギリスの認知心理学者ラヴィは，注意に関する**負荷**

理論を提唱した．これは，注意に要する資源の量は，課題の難度（負荷量）
によって変わり，自動的に配分されるというものである．同説においては，
負荷が高い場合には初期選択モデルが適用され，逆に，負荷が低い場合には
後期選択モデルが適用される．

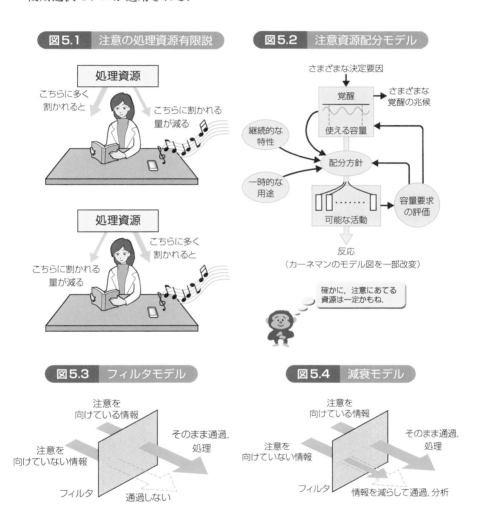

図5.1 注意の処理資源有限説

処理資源

こちらに多く
割かれると

こちらに割かれる
量が減る

処理資源

こちらに多く
割かれると

こちらに割かれる
量が減る

図5.2 注意資源配分モデル

さまざまな決定要因

覚醒

さまざまな
覚醒の兆候

継続的な
特性

使える容量

配分方針

一時的な
用途

可能な活動

容量要求
の評価

反応
（カーネマンのモデル図を一部改変）

確かに，注意にあてる
資源は一定かもね．

図5.3 フィルタモデル

注意を
向けている情報

そのまま通過，
処理

注意を
向けていない情報

フィルタ

通過しない

図5.4 減衰モデル

注意を
向けている情報

そのまま通過，
処理

注意を
向けていない情報

フィルタ

情報を減らして通過，分析

2 焦点的注意と分割的注意

マジシャンが片手を上げてバラを見せ，客の注意をそこに集中させている間に，残りの片手でポケットから小びんを取り出すというテクニックを使うことがある．この手法はミスディレクションと呼ばれる（図5.5）．ある対象に集中させるタイプの注意を焦点的注意という．イギリスの認知科学者マックワースは，文字のない時計盤上の針の動きが時々変化する現象を検出させる実験を行い，焦点的注意の持続時間を計測した．その結果，30分程度経過すると検出率が低下することがわかった．では，注意の空間的範囲はどの程度だろうか？　日本の心理学者の大山らは，白地にランダム配置された黒いドットを数十ミリ秒提示し，実験協力者にドット数を報告させた．その結果，7個前後を超えると急激に正解率が低下することを確かめた．

車を運転する場合，前方はもちろんのこと，並行して左右や後方にも注意を配る必要がある．このような状況は分割的注意と呼ばれる．先に述べたように，分割的注意は複数の対象に対して有限の処理資源を配分することになる．実験協力者に，例えば計算問題と文字転記を同時にするような二重課題と呼ばれる作業（図5.6）を行わせると，2つの課題の成績の和がほぼ一定になることが知られている．ところが，アメリカの心理学者ウィケンズらは，二重課題のうち一方を難しくしても他方の成績に影響を与えない場合があることを実験で示した．これは，処理資源有限説では説明がつかず，ウィケンズは図5.7のような多重資源モデルを提案した．同モデルは，処理モダリティ，処理段階，処理コードの3次元立体構造をもち，各次元は2分されたうえでそれぞれ資源を有する．ここでは，資源の数が8個になるわけではないことに注意されたい．あくまでも，同一次元上で2個の資源が存在するということを言っているに過ぎない．同モデルによれば，空間処理と言語処理において，例えば，誰かの話を聞きながら目で空間のある場所を探すという二重課題の場合には，資源間の干渉はあまりないが，話を聞きながら新聞を読むという二重課題では，どちらも言語処理に属するため資源間の干渉が大きいということになる．

二重課題では，繰り返すことにより必要資源が少なくて済むようになることも知られている．例えば，自動車運転の初心者は運転中に話すことは困難だが，熟練してくると，会話することが可能になる．このような熟練を経た処理過程は自動処理，熟練に至るまでの処理過程はコントロール処理と呼ばれる．仕事やスポーツなども自動処理の段階になれば，脳の負担が軽減され

省エネにもなる.

　二重課題ではなく単一課題であっても，2つの特徴をもつ刺激に対して1つの特徴への注意を配る**ストループ課題**では，注意の干渉が起こりやすい．これは**ストループ効果**と呼ばれている．例えば，**図5.8**のように，赤，黒，緑，青色で描かれた，赤，黒，緑，青という文字の色を答えさせるストループ課題では，色のみ，もしくは文字のみという特徴が1つである非ストループ課題に比べて応答速度が低下する．これは，注意を必要とする処理と注意を必要としなくなる自動処理とが混在することによる.

図5.5　焦点的注意と分割的注意

焦点的注意　　　　　　分割的注意

この花が消えるのか？色が変わるのか？

花を出しつつ，こちらの手で何かの準備？

図5.7　多重資源モデル

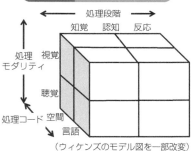

（ウィケンズのモデル図を一部改変）

図5.6　二重課題の例

・計算をしながら文字を書き写す
・右手で円を描き，左手で三角形を描く
・歌いながら文章を暗記する
　　　⋮

二重課題ははじめはつらいけど，繰り返し練習すると楽にできるようになることもあるね.

図5.8　ストループ課題と非ストループ課題

ストループ課題では非ストループ課題に比べて応答速度が遅い

ストループ課題	非ストループ課題	
各文字の色を答える	各文字の色を答える	各文字の読みを答える
赤　緑　黒 青　黒　赤 赤　青　緑	赤　赤　赤 赤　赤　赤 赤　赤　赤	赤　緑　黒 青　黒　赤 赤　青　緑

3 視覚的注意

　図書館で欲しい書籍を探すときや，アパレルショップで欲しい洋服を探すとき，多数の書籍や商品を見てその中から所望のものを見つけ出すことになる．これを**視覚探索**という．**図5.9**（1）を提示されて五角形を探せと言われたら，たいていすぐ見つけることができる．また，同図（2）を提示されて赤色の図形を探せと言われた場合も容易だろう．このように，他の妨害図形が混じった中から所望の図形がすぐ目に飛び込んでくることを**ポップアウト**と呼ぶ．五角形や赤色のように特徴が単一の場合，妨害図形の数にかかわらず，ポップアウトに要する探索時間はほぼ一定であることが知られている．一方，同図（3）を提示されて五角形かつ赤色の図形を探せと言われると，やや時間がかかってしまう．このように，複数の特徴を満足する図形を探すことを**結合探索**と呼ぶ．結合探索では，妨害図形の数が増えるほど探索に多くの時間を要するようになる．トリーズマンは，このポップアウトと結合探索の関係を説明するため，**特徴統合モデル**を提唱した（**図5.10**）．同モデルでは，処理は2つの過程に分けられる．まず，最初の過程（前処理過程）では，色や形，方向などの視覚的特徴が抽出され，特徴マップがそれぞれ空間上に並列につくられる．図5.9の（1）（2）では，個々の特徴マップ別に位置情報とあわせて単一探索処理を行うため，特に注意も必要とせず，短時間でターゲットを見つけることができる．次の過程（注意過程）では，スポットライト的に注意を向けることにより，それぞれの位置で逐次各特徴が統合される．すなわち，図5.9（3）のように結合探索が行われ，各々の図形に対して逐次複数の特徴のチェックが行われると考えられる．

　注意を向けているにもかかわらず，対象の変化に気付かないことがある．この現象は**変化の見落とし**と呼ばれている．変化の見落としには，対象の形状，色，大きさなどの変化や消失，出現などがある．例えば，ある写真を見せた後に同じ写真の一部が消失したものを提示すると，その消失に気付かない場合がある（**図5.11**（1））．さらにその2枚の間に白紙をはさむ（**フリッカー法**）と，より気付きにくくなる（同図（2））．また，低速度で徐々に大きさが変化する動画を提示（**漸次法**）しても，その変化に気付きにくい（同図（3））．日本の認知心理学者横澤らは，変化に気付くためには，①先行画像の表象の形成，②後続画像の表象との比較，③比較結果の意識的利用が必要であるとしている．その視点から，変化の見落としを生ずるメカニズムとして，アメリカの認知科学者シモンズの**上書き仮説**（後続画像が先行画像を

上書きする）や，**第一印象説**（先行画像で情景を把握するため，後続画像の
価値が低下する）などを紹介している．

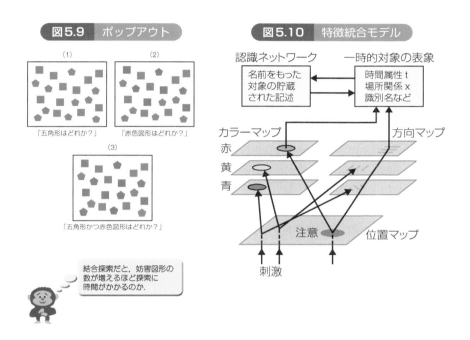

図5.9 ポップアウト

(1)

(2)

「五角形はどれか？」

「赤色図形はどれか？」

(3)

「五角形かつ赤色図形はどれか？」

結合探索だと，妨害図形の
数が増えるほど探索に
時間がかかるのか．

図5.10 特徴統合モデル

認識ネットワーク　　　　一時的対象の表象

名前をもった
対象の貯蔵
された記述

時間属性 t
場所関係 x
識別名など

カラーマップ　　　　　　　　　　方向マップ

赤

黄

青

注意　　　　位置マップ

刺激

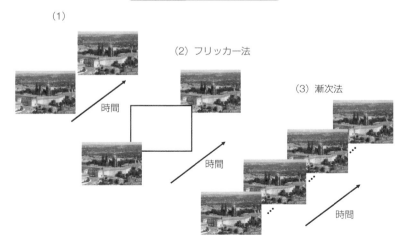

図5.11 変化の見落とし

(1)

(2) フリッカー法

(3) 漸次法

時間

時間

時間

4 聴覚的注意

　聴覚的注意の典型例は，カクテルパーティ効果である．これは，パーティ会場のような騒がしい中で誰かと会話している状況で，相手の声だけが聞こえ，周りの騒音は気にならないという聴覚特性であり，選択的注意による現象と考えられている（図5.12）．特に相手の声が大きいわけでもなく，物理的に周りの騒音と同等もしくは小さいにもかかわらず聞き取れてしまうことも多い．カクテルパーティ効果は選択的注意によるものだが，フィルタモデルで説明ができるように思われるかもしれない．しかし，周りの騒音の中に自分の名前や所属機関，出身地を含む声があったりすると，それに気づくという現象を説明できない．自分と関係する名前などに気づくということから，後期選択モデルが支持される．なお，カクテルパーティ効果には，相手の唇の動きを読む読唇やジェスチャ，さらには相手との共有知識の存在も寄与している．

　聖徳太子は同時に発した10人の願いを聞き分けたという伝説があるが，私たちは，左右の耳から同時にそれぞれ異なる情報が入ってきたときに，両方の情報を理解できるものなのだろうか？　イギリスの認知心理学者チェリーは，2種類の同じ音量で異なる音声メッセージXとYをヘッドフォンを用いてそれぞれ左右別々の耳に同時に入力し，片方に注意を向け復唱させるように指示したところ，注意を向けた音声について復唱することができた（図5.13 (1)）．このとき，注意を向けていない方の耳に提示した音声は再現できなかった．カクテルパーティと同じ現象が確認できたことになる．さらに，注意を向けていない耳の音声を途中で正弦波（純音）に変更するとそれに気づいた（同図 (2)）が，音声が英語からドイツ語に変わっても気づかなかった（同図 (3)）．しかし，男声から女声に変わったことには気づいた（同図 (4)）．この実験からは，注意を向けていない音声については，物理的特徴抽出までは行われるが，内容までは把握していないことが示された．つまり，意味的な処理まで行っているという後期選択モデルには疑問が呈されることになる．

　ところで，普段，私たちは自分がしゃべっている際には，その声が自分の外耳道を通じて内耳に入ると同時に頭部の骨を伝わる骨導音声が直接内耳に入るが，もし，これらの声が少しだけ遅れて自分の聴覚系に入るとどのようなことが起こるだろうか？　図5.14のように，遅延回路を用いて自分の発話を100〜200ミリ秒程度だけ遅延させ，ヘッドフォンで自分の耳に入れる

ようにしてしゃべってみると，発話が困難になりことばがつまったり，吃音(きつおん)のような状態になったりする．これを遅延聴覚フィードバックという．通常は，自分の声をフィードバックして特に意識なく自動処理のように制御しながら発話しているのだが，わずかに遅れてフィードバックされると，注意資源が主に聞くことに配分されるためこのような現象を生じる．

図5.12　カクテルパーティ効果

パーティ会場のような騒がしいところでも，
注目している人の声だけは聞こえる聴覚特性

図5.14　遅延聴覚フィードバック実験

うわっ，自分の声が少し
遅れて耳に入ると，うまく
しゃべれなくなる！

図5.13　両耳聴分離の実験

音声Xに注意を向け，聞いた音声を復唱するよう指示

(1)

音声X　音声Y

音声Xは復唱できたが，
音声Yは復唱できなかった

(2)

音声Y
↓
正弦波音

音声X

音声Yは復唱できなかったが，
正弦波への音変更には気づいた

(3)

音声Y
[英語
↓
ドイツ語]

音声X

音声Yは復唱できず，
言語変更にも気づかなかった

(4)

音声Y
[男声
↓
女声]

音声X

音声Yは復唱できなかったが，
声種変更には気づいた

5 コンピュータによる音源方向推定

音声認識技術では，周囲の雑音が認識性能を大きく低下させるという問題がある．そのために，ノイズに相当する周波数成分をカットする**ノイズ除去フィルタ**や，音声のスペクトルから雑音のスペクトルを差し引く**スペクトルサブトラクション法**などが用いられるが，これらの方法により除去できる雑音は車内のエンジン音や室内のファンの音などのように定常的なものに限られる．音楽や他人のしゃべり声などのような非定常的な雑音に対しては，目的音の方向を推定し，その方向以外から来る音をカットする**音源分離**技術が提案されている．要するに，カクテルパーティ効果を**音源方向推定**によって工学的に実現したものである．音源方向推定は，通常，2つ以上のマイクロフォンを並べて（**マイクロフォンアレイ**），3.5節で述べたような両耳のそれぞれに到達する時間差と音圧の差に相当する情報を手がかりに，音の到来方向を知覚する音源定位に基づき実現される（**図5.15**）．マイクロフォンアレイを用いた音源分離技術には，到達時間差による音源方向推定法や**ビームフォーミング法**などがある．

到達時間差による音源方向推定法は，**図5.16**のように，ある方向から来る音が2つのマイクに到達する時間差から入射角を推定する方法である．ここでは簡単のためマイクは2つとして説明する．同図のように，入射角をθ，2つのマイク間距離をd，位相のズレすなわち同じ波形の位置が2つのマイクに達する時間のズレをτ，音速をcとすると，

$$\sin \theta = \frac{c\tau}{d}$$

の関係が成り立つため，

$$\theta = \sin^{-1}\left(\frac{c\tau}{d}\right)$$

で入射角が求まる．τは，片方のマイクに遅延素子を付加し他方と同じ波形が出るタイミングで測定する．この入射角以外からの音を抑圧し分離する．

ビームフォーミング法は，マイクロフォンアレイへの音の到達時間を揃えることにより，特定の方向からの音に対する感度を高める方法である．ビームフォーミングにはいくつかの方式があるが，ここでは遅延和ビームフォームについて，**図5.17**のように4連マイクロフォンアレイを想定し説明する．各マイクには遅延素子を付加し，遅延が左から，0，τ，2τ，3τになるようにする．τは，マイク間隔d，入射角θ，音速cより，

$$\tau = \frac{d \sin \theta}{c}$$

によって求める．これによって，各入力音の位相を揃えることができる．そのうえで，これらの音波形を加算する．音をsin波とすると，これらの総和は，

$$\sin(t) + \sin(t - \omega\tau) + \sin(t - 2\omega\tau) + \sin(t - 3\omega\tau)$$

となり，位相が一致し振幅が増幅される．ここで，ωは角速度，すなわち

$$\omega = 2\pi / T \quad (T\text{は周期})$$

で，周期Tで1回転（2π）する．このようにして，特定の方向だけにフォーカスし音を強調する．

上述の技術は，いずれも遅延素子の遅延パラメータが可変であることがポイントになるが，コンピュータ上ではデータを記憶することで容易に実現できる．これらカクテルパーティ効果を模擬した技術により，特定の人の声だけを聞き分けるロボットや，話者以外の方向からの雑音をカットして話者の声を聞きやすくしたTV会議システムなどが実現されつつある．

図5.15 音源定位に基づく音源分離による雑音除去

・マイクロフォンアレイ（2つ以上のマイク列）を用いる
・目的音以外は雑音とみなし，目的音を強調したり雑音を除去したりする

図5.16 到達時間差による音源方向推定法

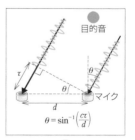

遅延素子付加

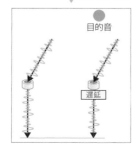

図5.17 ビームフォーミング法による音源強調法

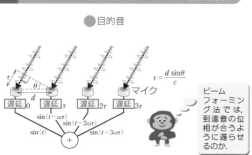

ビームフォーミング法では，到達音の位相が合うように違らせるのか．

〈参考文献〉

● Cherry, E. C. (1953). Some experiments on the recognition of speech, with one and with two ears. *The Journal of the acoustical society of America, 25*(5), 975-979.

● Itti, L., Koch, C., & Niebur, E. (1998). A Model of Saliency-Based Visual Attention for Rapid Scene Analysis. *IEEE Transactions on Pattern Analysis and Machine Intelligence, Vol.20, No.11.*

● Kahneman, D. (1973). *Attention and Effort.* Prentice Hall

● Koch, C., & Ullman, S. (1987). Shifts in selective visual attention: towards the underlying neural circuitry. In *Matters of intelligence* (pp. 115-141). Springer, Dordrecht.

● Treisman, A., & Gormican, S. (1988). Feature analysis in early vision: evidence from search asymmetries. *Psychological review, 95*(1), 15.

● Wickens, C. D. (2008). Multiple resources and mental workload. *Human factors, 50*(3), 449-455.

● 相川清明，大淵康成（2017）．音声音響インタフェース実践　コロナ社

● 浅野太（2011）．音源分離　電子情報通信学会，知識の森，2群-6編-2章

● 浅野太（2011）．音源定位　電子情報通信学会，知識の森，2群-6編-3章

● 御領謙，菊地正，江草浩幸，伊集院睦雄，服部雅史，井関龍太（2016）．認知心理学への招待 改訂版　サイエンス社

● 戸上真人，川口洋平，菅沼俊輔，橋本孝幸，小窪浩明，大淵康成（2010）．垂直配置マイクロホンアレーを利用した卓上突発音除去機能を備える遠隔会議システム　電子情報通信学会論文誌，Vol.J93-D, No.10

● 箱田裕司，都築誉史（2010）．認知心理学（New Liberal Arts Selection）　有斐閣

● 松田隆夫（2000）．知覚心理学の基礎　培風館

● 道又爾，北崎充晃，大久保街亜，今井久登，山川恵子，黒沢学（2011）．認知心理学 新版　有斐閣

● 森敏昭，井上毅，松井孝雄（1995）．グラフィック 認知心理学　サイエンス社

● 横澤一彦，大谷智子（2003）．見落とし現象における表象と注意　心理学評論，46（3）

● 渡邉慶，船橋新太郎（2015）．二重課題の神経生物学　霊長類研究，Primate Res.31

第 **6** 章

知　識

クイズ王と呼ばれる人たちの知識量には目を
見張るものがあるが，そこまでの量でなくて
も，私たちが知識をもつことなしに社会生活
を送ることは難しいことだとは容易にわか
る．第1章でも触れたように，プラトンは，
知識は実在するものではなく推論によって頭
の中に築いていくものであると述べている．
本章では，頭の中の知識がどのような構造を
なしているのかをモデル化した研究や，コン
ピュータ上での知識処理手法についてもみな
がら，知識というものを考える．

1 知識の表現と構造

4.4節で宣言的知識と手続き的知識について説明したが，ここでは，知識が脳内でどのように表現されているのか，すなわち知識の心的表象について考えてみたい．「走行中の自動車が歩行者に衝突すると，歩行者は死傷する」と「自動車が走行中に歩行者に衝突すると，歩行者を死傷させる」とでは，言語表現が異なるものの，知識としては同じと考えられる．つまり，表層的な記述ではなく，脳内に保持している知識は同じといってよい．もしかすると，この場合の知識の心的表象は，自動車，走行，歩行者，衝突，死傷などのシンボルが絡み合ったものかもしれないし，「走行中の自動車が歩行者に衝突⇒死傷」という規則形式かもしれないし，あるいは，自動車が人に衝突し歩行者が死傷する場面の映像イメージかもしれない．「自動車が歩行者に衝突する」のように，述語を軸とした知識の基本単位を**命題**という．命題は，真か偽のどちらかの値をとり得る．1.1節で触れたように，心的活動プロセスの中での情報の内的表現形式は心的表象と呼ばれるが，命題の心的活動プロセスの中での表現形式は**命題表象**と呼ばれる．例えば「自動車が歩行者に衝突する」は，図6.1のようにリスト表現を用いれば（衝突する，自動車，歩行者）と表現でき，また，ノードとアークを用いてネットワーク表現することもできる．

私たちが，これらの知識を用いて認知処理を行うためには，使用を前提としたもっと活性可能で構造化された枠組みが必要である．これを**スキーマ**という．アメリカの認知心理学者ラメルハートらは，スキーマは，①変数をもつ，②埋め込み構造をもつ（例えばバスのスキーマはバス旅行のスキーマに埋め込まれる），③さまざまな抽象度の知識を表す，④定義というよりも知識を表わすと述べている．また，活性化プロセスであり，データへの適合性を評価する認識装置であるとも説明している．図6.2はラメルハートらによる「与える」スキーマの図式である．同図は「与える」のスキーマを活性可能構造ネットワークで表している．「与える」のスキーマは，与え手としてX，受け手としてY，贈与物としてZという3つの変数をとる．XがYにZを与えるときには，Xは「引き起こす」主体であり，YがZを「獲得する」という出来事を引き起こす．つまり，「与える」スキーマの与え手は「引き起こす」サブスキーマの主体となっており，「獲得する」スキーマは「引き起こす」サブスキーマの主体にとっての引き起こされる出来事の役割も果たしている．

スキーマの考え方は，アメリカのAI学者ミンスキーがAI研究において提案した，フレームというコンピュータ処理向けの知識表象につながっている．

　また，社会行動学では，アメリカのAI学者シャンクらが，コンピュータによる言語処理向けに，状況ごとのスキーマとして行動知識を表現するスクリプトを提案した．スクリプトは，ある特定の場面における典型的な事象の流れを表現した，いわば台本（シナリオ）である．図6.3はシャンクらの示したレストランでの場面におけるスクリプト例を改変したものである．このように，登場人物の取るべき行動が時系列で示されており，個別の場面では，多少内容が変わることもあるが，多くのケースに共通で典型的な手続きに関する時間的流れの知識が表現されている．

図6.1　命題表象

リスト表現

（衝突する，自動車，歩行者）

ネットワーク表現

主体 → 自動車
衝突する
対象 → 歩行者

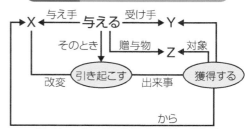

図6.2　「与える」スキーマの図式

（ラメルハートら文献［1997］の図を一部改変）

図6.3　スクリプトの例

スキーマは知識の構造を，スクリプトは行動のためのシナリオを表現しようとしているのか．

名前	レストラン
道具	テーブル, メニュー, 料理, 勘定書, お金, チップ
登場人物	客, ウェイター, コック, 勘定係, オーナー
条件	客は空腹である, 客はお金を所持している
結果	客のお金は減る, マネージャは儲かる, 客は満足する

場面1：入店

客がレストランに入る

客が店内を見回す

客がどこに座るかを決める

客がテーブルまで行く

客が座る

場面2：注文

客がメニューを取る

客が料理を決める

客がウェイターに注文する

ウェイターがコックに注文を伝える

コックが料理を準備する

場面3：食事

コックが料理をウェイターに渡す

ウェイターが客に料理を出す

客が料理を食べる

場面4：退店

ウェイターが勘定書を書く

ウェイターが勘定書を客にもっていく

ウェイターが勘定書を客に渡す

客がウェイターにチップを渡す

客がレジまで行く

客が勘定係にお金を払う

客がレストランを出る

（シャンクらのスクリプト例を一部改変）

2 意　味

　意味とは何か？　知能情報工学研究者岡田直之は，単語のもつ概念を狭義の意味，単語が他の単語と結びついて形成する概念を広義の意味としている．チョムスキーは，文法的には正しくても無意味な文がつくれることから，意味と統語（文を構成する際の単語の配置）は別物だとしている．

　文の意味を表現するにはどうしたらいいのだろう？　シンプルなものでは，図6.4（1）上段のように，→で表現することも可能である．この場合，XがYに対してRという関係をもっているということを表しているとする．この記法では，「私はあなたを愛している」「鳥は動物である」はそれぞれ下段のように表現できる．ISAは「is a」であり「である」を意味する．これらは同図（2）のような3つ組で表現することもできる．日本の自然言語処理研究者田中らが開発した質問応答システムTQASでは，意味を（属性　対象　値）の3つ組で表現した．例えば，同図（3）のように「机の上の赤い箱の中に青い球が入っている」という状況は，8個の3つ組で表現できる．

　これらをさらに拡張した意味表現モデルに，意味ネットワークがある．これは，アメリカの認知科学者コリンズとキリアンが提唱した概念の階層モデルで，ある概念をノードで表現し，これに対する上位概念をリンクでつなげていくものである．リンクは，「である」「できる」などの属性をもち，図6.5のようなネットワークを形成する．このネットワークにおいては，上位概念にも下位概念にも共通する属性の値は，下位概念での表記を省略し，上位概念のノードにのみ表記する．これを認知的経済性という．つまり，例えば，鳥が飛べるのであれば，下位概念のカナリアも飛べるということなので，鳥の下位概念であるカナリアには飛べるという表記をしないということである．

　彼らは同モデルの妥当性を検証するために，下位概念と上位概念をそれぞれ主語と述語とした文の真偽を判定させる実験を行い，判定に要する時間を調べた．その結果，図6.6のように，階層が離れるほど判定に時間がかかった．例えば「カナリアは鳥である」という文よりも「カナリアは動物である」，「カナリアは飛べる」という文よりも「カナリアには皮膚がある」という文の方がそれぞれ真偽の判定が遅かったのである．

　アメリカの心理学者リップスらは，同モデルに対し，イヌ―哺乳類―動物という階層関係のリンクがあるにもかかわらず，「イヌは哺乳類である」は「イヌは動物である」という文より真偽判定に時間がかかることを実験によ

って確認し，妥当性を説明できないとした．確かに，梨—バラ科—植物とい
う階層関係があるにもかかわらず，「梨とバラ科」よりも「梨と植物」の方
が意味的に類似している．このような意味上の類似性を意味的関連性と呼
ぶ．リップスらは，一対比較法を用いて，概念間の類似性を求め，多次元配
置した．一対比較法は，複数の対象の中から2つを取り出し比較することを
すべてのペアについて行い，相互の距離を尺度化する手法である．この多次
元配置においては，相互距離が意味的関連性の強さを示していると考えられる．

　意味ネットワークは，その後，概念間の距離の妥当性などがさらに議論さ
れ，関連の度合いを考慮した活性化拡散モデル（4.3節参照）の提案に至っ
ている．

図6.4　意味の表現方法のいろいろ

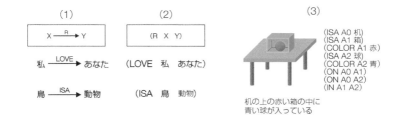

図6.5　意味ネットワーク

（コリンズらのモデル図を一部改変）

概念間の距離が大きいほど，
理解に時間がかかるのか．

図6.6　文の真偽判定実験結果

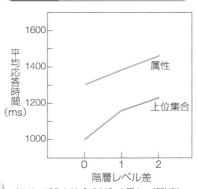

（コリンズら文献［1969］の図を一部改変）

3 概念とカテゴリー化

　私たちは，家具店に行ったときに，椅子を見れば椅子とわかるし机を見れば机とわかる（**図6.7**）．また，同じ椅子でも，ソファと会議用椅子とは区別がつく．つまり，机のカテゴリーに属するものと椅子のカテゴリーに属するものの区別がつき，同じ椅子でも，ソファのカテゴリーに属するものと会議用椅子のカテゴリーに属するものの区別がつくのである．これは，机のカテゴリーに属するものには共通の特性があり，椅子のカテゴリーに属するものにも共通の特性がそれぞれあるからにほかならない．しかも，机のカテゴリーと椅子のカテゴリーの間には異なる特性があるために，新しい家具を見たときに，それが机なのか椅子なのか，あるいは，どちらでもない家具なのかの判断を下すことができるのである．複数の事物をある特性でクラスタに分けることを**カテゴリー化**という．それぞれのクラスタがカテゴリーということになる．言い換えれば区分ということになる．アメリカの認知心理学者バーサローは，**図6.8**のような実体のカテゴリー化の過程を示した．まず，実体の構造記述を形成し，続いて，記憶領域内でその構造記述に類似したカテゴリー表象を検索する．例えば，実体が椅子の場合，ソファやカウンターチェアの表象が，知覚的に類似したものとして考えられる．次に，実体のクラスタ分けに最も適したカテゴリー表象，この場合は椅子に対する表象を選択する．そして，実体に関する結論がカテゴリー知識から導出される．例えば，実体が椅子であるからその上に座ることができるとの結論が導かれる．最終的に，カテゴリー化についての情報を貯蔵し，カテゴリー表象を書き換える．

　それぞれのカテゴリーを表す表現を**概念**という．概念に関しては大きく次の3つの理論があるとされる（**図6.9**）．

　①**定義的特徴理論**：概念には，カテゴリー化できるのに必要かつ十分な定義的特徴がある．例えば，昆虫の定義的特徴は，頭部・胸部・腹部から構成される，胸部に3対の脚をもつ，などである．

　②**プロトタイプ理論**：概念には，カテゴリーに属するものの類似性に基づいた典型的な表象がある．例えば，私たちは，自動車といわれれば典型的な自動車をイメージすることができる．

　③**理論ベース概念理論**：私たちがその世界にもつメンタルモデルでカテゴリー化の凝集性が決まる．例えば，花見用品という概念には，シート，弁当，酒，マイク，日焼け止めなどが含まれるが，これらには共通特性がほとんどなく，①②では説明できない．

アメリカの認知心理学者ロッシュらは，カテゴリーには，**図6.10**のように上位カテゴリー，基本カテゴリー，下位カテゴリーの3階層あるとし，基本カテゴリーの重要性を説いた．ロッシュらは，基本カテゴリーが，カテゴリー間の違いを最大化でき，形などでイメージしやすく，子どもが最初に学習するのに使われると述べている．

実体の構造記述を形成

↓

その構造記述の類似カテゴリー表象を検索

↓

最も類似したカテゴリー表象を選択

↓

実体について結論を導出

↓

カテゴリー化についての情報を貯蔵

＜定義的特徴理論＞

概念には，カテゴリー化できるのに必要かつ十分な定義的特徴がある

昆虫
頭部・胸部・腹部から構成される
胸部に3対の脚をもつ

＜プロトタイプ理論＞

概念には，カテゴリーに属するものの類似性に基づいた典型的な表象がある

自動車

＜理論ベース概念理論＞

その世界にもつメンタルモデルでカテゴリー化の凝集性が決まる

花見用品
シート，弁当，酒，マイク，日焼け止め

上位カテゴリー	基本カテゴリー	下位カテゴリー
楽器	ギター	エレキギター
		クラシックギター
	ピアノ	グランドピアノ
		アップライトピアノ
乗り物	乗用車	スポーツカー
		4ドアセダン
	バス	市内バス
		長距離バス

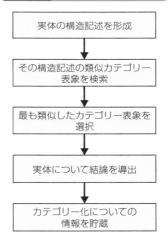

4 プロダクションルールを用いた知識処理

　今日，重要な技術として脚光を浴びているAIには，ここまで3つのブームがあった．まず，第1ブームは，1950年代のヒューリスティクス（7.1節参照）による探索を柱とするものであった．第2ブームは，1970年代に盛んとなった知識に基づき推論を行うAIの試みだ．そして，現在，ディープラーニングによる機械学習を中心とした第3ブームが到来している．ここでは，第2ブームの象徴であった知識処理の手法の1つである**プロダクションルール**による推論について紹介する．

　プロダクションルールは，

　　if 〜　　then −

という知識の表現形式をとる．〜は前提となる条件であり，−は結論である．このプロダクションルールから解を推論する知識処理手法について，以下に説明する．

　みなさんは，アシカとオットセイ，アザラシの区別がつくだろうか？　ここでは，例としてこれら鰭脚類に関する推論をとりあげる．まず，鰭脚類に関して図6.11のようなプロダクションルールが与えられたとする．その後で投げられた「水中で生活する哺乳動物で，ひれ状の足をもち，耳が引っ込んでいて，牙がないものは何ですか？」という質問に対する答えを推論する場合を考える．まず質問を，

　　「水中で生活する∩哺乳動物∩ひれ状の足をもつ∩耳が引っ込んでいる∩牙がない」

という表現に変換する．すると，一部がルール①のif条件と合致するため，質問は，

　　「鰭脚類∩耳が引っ込んでいる∩牙がない」

と書き換えられる．今度は前半がルール③を適用でき，質問は，

　　「アザラシ科∩牙がない」

と書き換えられる．これに対しては，ルール⑦が適用できるため，結論は，

　　「アザラシ」

となり，答えが推論できたことになる．これが**前向き推論**である（図6.12）．つまり条件を結論で置換していく推論というわけだ．

　次に，「オットセイは鼻先がとがっていますか？」という質問を考える．まずこの質問を，

　　「オットセイ⇒鼻先がとがっている？」

という表現に変換する．すると，左辺がルール④の結論と合致するため，

「（アシカ科∩首に毛がある）⇒鼻先がとがっている？」

と書き換えられる．今度は左辺の一部が②の結論と合致するため，

「（（鰭脚類∩耳が出っ張っている∩鼻先がとがっている）∩首に毛がある）⇒鼻先がとがっている？」

と書き換えられる．ここで，右辺は左辺に含まれているため真であり，答えは「はい」となる．これは，条件を結論から逆向きに適用していくため，**後ろ向き推論**と呼ばれる（図6.13）．

推論には，このほかに，意味ネットワーク表現を用いて，アークをたどることによって答えを見つける方法などがある．

図6.11　鰭脚類に関するプロダクションルール

① if（水中で生活する∩哺乳動物∩ひれ状の足をもつ）then（鰭脚類）

② if（鰭脚類∩耳が出っ張っている∩鼻先がとがっている）then（アシカ科）

③ if（鰭脚類∩耳が引っ込んでいる）then（アザラシ科）

④ if（アシカ科∩首に毛がある）then（オットセイ）

⑤ if（アシカ科∩首がつるつる）then（アシカ）

⑥ if（アザラシ科∩牙がある）then（セイウチ）

⑦ if（アザラシ科∩牙がない）then（アザラシ）

図6.12　プロダクションルールを用いた前向き推論

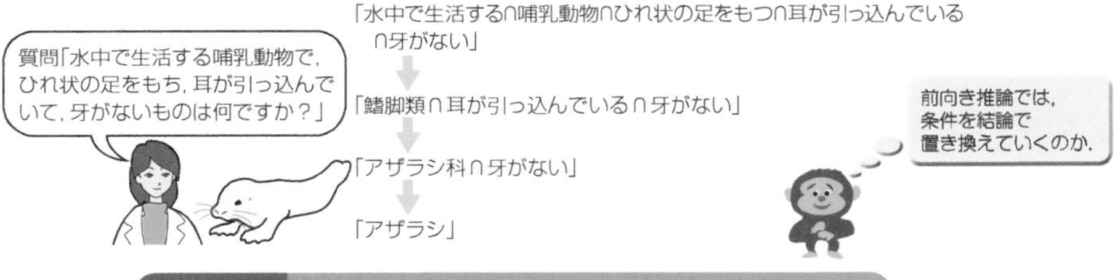

質問「水中で生活する哺乳動物で，ひれ状の足をもち，耳が引っ込んでいて，牙がないものは何ですか？」

「水中で生活する∩哺乳動物∩ひれ状の足をもつ∩耳が引っ込んでいる∩牙がない」

「鰭脚類∩耳が引っ込んでいる∩牙がない」

「アザラシ科∩牙がない」

「アザラシ」

前向き推論では，条件を結論で置き換えていくのか．

図6.13　プロダクションルールを用いた後ろ向き推論

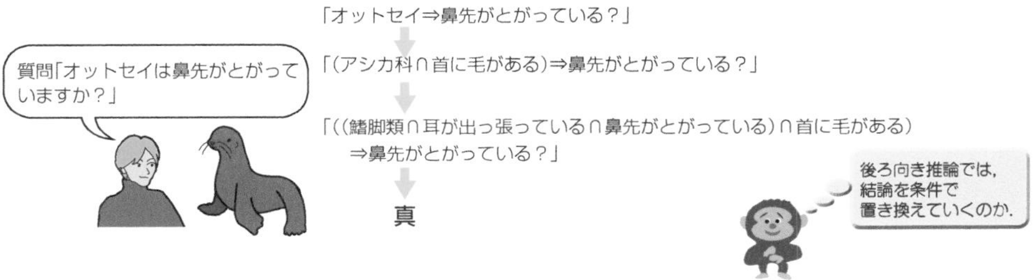

質問「オットセイは鼻先がとがっていますか？」

「オットセイ⇒鼻先がとがっている？」

「（アシカ科∩首に毛がある）⇒鼻先がとがっている？」

「（（鰭脚類∩耳が出っ張っている∩鼻先がとがっている）∩首に毛がある）⇒鼻先がとがっている？」

真

後ろ向き推論では，結論を条件で置き換えていくのか．

〈参考文献〉

● Barsalou, L. W. (1992). Cognitive psychology: An overview for cognitive scientists. *Hillsdale, NJ: Lawrence Erlbaum Associates Inc.*

● Collins, A. M., & Quillian, M. R. (1969). Retrieval time from semantic memory. *Journal of verbal learning and verbal behavior, 8*(2), 240-247

● Quillian, M. R. (1968). Semantic networks. *In Semantic Information Processing Edited by M.L. Minsky. MIT Press*

● Rips, L. J., Shoben, E. J., & Smith, E. E. (1973). Semantic distance and the verification of semantic relations. *Journal of verbal learning and verbal behavior, 12*(1), 1-20.

● Rosch, E., Mervis, C. B., Gray, W. D., Johnson, D. M., & Boyes-Braem, P. (1976). Basic objects in natural categories. *Cognitive psychology, 8*(3), 382-439.

● Rumelhart, D. E., & Ortony, A. (1977). The representation of knowledge in memory. In R. C. Anderson, R. J. Spiro, & W. E. Montague (Eds.), *Schooling and the acquisition of knowledge*, 99-135. Hillsdale, NJ: Erlbaum.

● 大須賀節雄 (2011). 思考を科学する―「考える」とはどういうことか？ オーム社

● 岡田直之 (2009). 脳に宿る心 オーム社

● 高野陽太郎 (2013). 認知心理学 放送大学教育振興会

● 田中穂積, 元吉文男, 山梨正明 (1983). LISPで学ぶ認知心理学3 言語理解 東京大学出版会

● 箱田裕司, 都築誉史 (2010). 認知心理学 (New Liberal Arts Selection) 有斐閣

● 松尾太加志 (2018). 認知と思考の心理学 サイエンス社

● 森敏昭, 井上毅, 松井孝雄 (1995). グラフィック 認知心理学 サイエンス社

問題解決

思考は認知科学の主要なテーマである．私たちは，道路工事に遭遇したときにはどうやって駅まで行けば早いかを考えるし，昼食をとろうとしていつものレストランが休みであることを知ったら，時間内にどこで何を食べたらいいのかを考える．私たちは日々，大小問わず何らかの問題に直面するが，こういった問題をどうとらえ，どんな方略で解決に導いているのであろうか？　また，解きにくい問題と解きやすい問題とでは何が違うのだろうか？　本章ではこれらについて，コンピュータによるゲーム戦略モデルの例も交えて考える．

　「人間は自然の中で最も弱い葦である．しかし，考える葦である」とのフランスの哲学者パスカルの言葉は，思考という能力をもつ人間の偉大さを表現したものだが，やはり思考は，人間を人間たらしめる崇高な機能といっていいだろう．思考には，問題解決，推論，意思決定の3つがあるとされる．これらについて，順次考えてみたい．

　ニューウェルとサイモンは，問題解決を初期状態から目標状態に至るパスの探索だとした．そのうえで初期状態から目標状態に至る途中には中間状態が存在し，ある状態から別の状態に遷移させるためのものをオペレータと呼んだ．オペレータに制約や条件がある場合，これらを認識しておくことが重要である．また，初期状態，目標状態，すべての中間状態，および，オペレータが張る空間を問題空間とした（図7.1）．つまり，人間にとって問題解決を進めるための心的表象が問題空間だ．

　問題解決のための方略には，ヒューリスティクスとアルゴリズムとがある．前者は発見的方法とも呼ばれ，私たちの経験則や勘から得られる解法である．例えば，病院で待たされるのが嫌で月曜日を避けるなどがこれに相当する．ヒューリスティクスは身近で使いやすいが，必ず正解にたどりつくという保証はない．一方，後者は定式化された手続きで，$ax^2 + bx + c = 0$の解を求める際に，$b^2 - 4ac \geqq 0$であれば$x = (-b \pm \sqrt{b^2 - 4ac})/2a$とし，$b^2 - 4ac < 0$であれば実数解はないとするなどが好例である．アルゴリズムでは，高い精度で正解にたどりつくが，一般に時間がかかり，また全く異なる問題には適用できない．ヒューリスティクスの代表的な方法に以下の2つがある．

　①山登り法：山で霧が深くなり道がみえなくなってきたとき，とにかく傾斜の急な道を行けば頂上にたどりつけるという考え方がある．このように，現在の状態から，評価関数より得られた評価値の高い状態に遷移していき，現在の状態の評価値と遷移先の状態での評価値との差がある閾値以下であればそこで遷移を停止するという手法が山登り法である（図7.2）．例えば，新入生のクラスのリーダーを選ぶとき，まずは初日に元気のよかった学生をリーダーに据えるというやり方だ．同手法の欠点は，大局的に見ていないため，局所的な山に登り終わってしまう可能性があることである．

　②手段−目標分析：目標状態の手前に下位目標を設定し，現在の状態と下位目標状態との差を小さくするように状態遷移を進めていく手法である（図7.3）．ニューウェルとサイモンが提案した．下位目標状態に遷移できなけれ

ば，さらに下位の目標状態を設定することを繰り返す．例えば，天井からぶら下がったバナナをサルに取らせるとき，それが難しければ，まず，近くにある箱をバナナの下に持ってこさせるといった下位目標を設定するというやり方だ．彼らは，この分析法に基づくGPS（General Problem Solver, 一般問題解決プログラム）を開発し，演繹推論や帰納推論（7.3節参照）に道筋をつけた．

ここで1つ，問題を提示しよう．**図7.4**のように，左岸にある，ネコ，野菜かご，ウサギの3つの荷物をすべて右岸に運びたい．ただし，小舟には，船頭以外は上の3つの荷物のうちいずれか1つしか乗せることができない．また，船頭が見ていないと，ウサギは野菜を食べてしまい，ネコはウサギを食べてしまう．したがって，ネコとウサギを一緒に置き去りにできないし，ウサギと野菜かごを一緒に置き去りにできない．ネコは船頭が見ていなくても野菜を食べることはない．船頭はどのようにしてこれらを運べばよいか？これについては，次の7.2節で解説する．

図7.1　問題空間

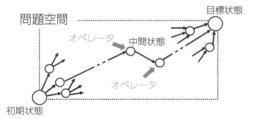

問題空間

初期状態

オペレータ　中間状態

オペレータ

目標状態

図7.2　山登り法

現在の状態から，評価関数より
得られた評価値の高い状態に遷移する

図7.3　手段-目標分析

目標状態の手前に
下位目標を設定し，
現在の状態と下位
目標状態との差を
小さくするように
状態遷移を進める

図7.4　どのようにしてすべてを運ぶか？

左岸　　　　　　　　　　　右岸

　私たちが直面する問題には，**良定義問題**と**不良定義問題**とがある．前者は，初期状態および目標状態，また中間状態も定義されており，かつ，オペレータも与えられているものをいう．後者は，これら良定義問題の構成要素のいずれかが1つ以上欠けているタイプの問題をいう．**図7.5**に示すように，私たちの日常直面する問題のほとんどは不良定義問題である．ここでは，良定義問題の解決プロセスについて考える．

　前節の川渡り問題は解けただろうか？　この問題では，初期状態および目標状態が明確である．また，船頭が荷物のいずれかを舟に乗せて対岸に漕ぎつくことにより状態が遷移していくので，中間状態および与えられたオペレータもはっきりしている．したがって，同問題は良定義問題といえる．この場合のオペレータには，「舟には船頭以外に1つの荷物しか乗せることができない」「ネコとウサギを一緒に置き去りにできない」「ウサギと野菜かごを一緒に置き去りにできない」という制約が存在する．この問題の問題空間は**図7.6**のように描ける．初期状態から目標状態まで，オペレータの制約を考慮したうえで遷移し得る状態のすべてを記載している．同図からわかるように，この問題では，目標状態に到達するパスが2通りあり，どちらも状態遷移の数は等しい．中間状態の中で，Ⓐ Ⓑ Ⓓ Ⓔ Ⓕ Ⓖの各状態は，「ネコとウサギを一緒に置き去りにできない」「ウサギと野菜かごを一緒に置き去りにできない」という制約により，そこから先はオペレータを適用できず遷移は停止することになる．このように問題空間全体が把握できれば，簡単に目標状態に到達できるが，実際の問題解決場面では必ずしもこれらを把握できているわけではないので，目標状態までなかなか到達できない．その場合，7.1節で述べた手段−目標分析では，目標状態の手前，例えばⒽのような下位目標を設定し，現在の状態と下位目標状態との差を小さくするように状態遷移を進める．図7.6の例の場合，目標状態は，右岸にネコ，野菜かご，ウサギが置かれた状態であるが，下位目標を，もう少し手前の，右岸にネコと野菜かごが置かれた状態とし，この状態に達するためにオペレータをどう適用するかに取り組む．この下位目標の状態に到達できれば，あとは，左岸にいるウサギを右岸に運ぶだけで，最終の目標状態に達する．この下位目標への到達が難しければ，さらに手前のⒸ，すなわち左岸にネコと野菜かごを置きウサギを右岸に置くという状態を下位目標とし，オペレータの適用を図る．

図7.5　良定義問題と不良定義問題

私たちを取り巻く問題

良定義問題

不良定義問題

ほとんどが
不良定義問題
なのか.

初期状態が定義されている
かつ　目標状態が定義されている
かつ　中間状態が定義されている
かつ　オペレータが与えられている

初期状態が定義されていない
または　目標状態が定義されていない
または　中間状態が定義されていない
または　オペレータが与えられていない

図7.6　川渡り問題の問題空間

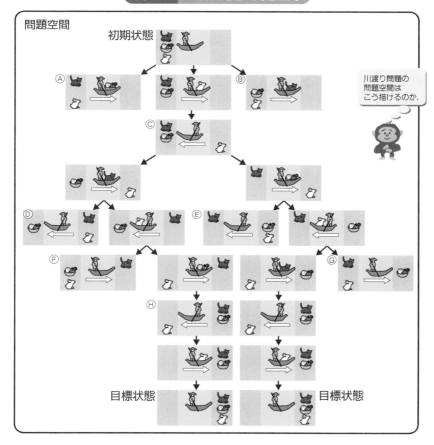

問題空間

初期状態

Ⓐ　Ⓑ

Ⓒ

Ⓓ　Ⓔ

Ⓕ　Ⓖ

Ⓗ

目標状態　目標状態

川渡り問題の
問題空間は
こう描けるのか.

3 推 論

　前提としての情報から結論を導出するプロセスを推論という．推論には，以下のように，演繹推論，帰納推論，仮説推論などがある．

　(1) 演繹推論：1つ以上の前提情報から，論理的に結論を導出する手法（図7.7）．例えば，「A大学生は『イラストで学ぶ　認知科学』を愛読している」「S君はA大学生である」という前提から，「S君は『イラストで学ぶ　認知科学』を愛読している」という結論が導き出される．特に，このように大前提と小前提の2つの前提から1つの結論を導く論法は三段論法と呼ばれる．ここで，大前提とは大きな概念を含む前提であり，推論のベースとなる．一方の小前提は小さい概念を含む前提である．上の例では「A大学生は『イラストで学ぶ　認知科学』を愛読している」が大前提で，「S君はA大学生である」が小前提である．また，演繹推論には，直接推論と間接推論とがある．直接推論は，「すべての人は死ぬ．よって，ある人は死ぬ」のように，1つの前提から結論を導くものであり，間接推論は，三段論法のように複数の前提から結論を導く推論である．三段論法で，大前提，小前提，結論が定言的（である調など断定的）で，限量詞（すべての，ある，どの○○も××ない）を含んでおり，またそれらの関係を述べているとき，これを定言三段論法と呼ぶ．例えば，「すべての学生は学生証をもっている」「あるA大学生は学生である」という前提から「よって，あるA大学生は学生証をもっている」の結論が導き出される．大前提が条件付き命題，小前提および結論が定言的命題で，結論を導くタイプの三段論法は，仮言三段論法と呼ばれる．例えば，「もしA大学生であれば，B駅を利用する」「もしB駅を利用していれば，駅長ネコを見たことがある」という前提から，「よって，A大学生であれば，駅長ネコを見たことがある」の結論が導き出される．大前提が選択肢をもった命題，小前提がその選択肢のいずれかを肯定または否定する命題で，結論を導くタイプの三段論法は，選言三段論法と呼ばれる．例えば，「S君は，英語またはフランス語の講義をとる」「S君は英語の講義をとらない」という前提から，「よって，S君はフランス語の講義をとる」の結論が導き出される．

　(2) 帰納推論：個別の事例から普遍的結論を導出する手法（図7.8）．例えば，「S君は数学が得意である」「S君はA大学生である」，「T君は数学が得意である」「T君はA大学生である」，「U君は数学が得意である」「U君はA大学生である」という前提から，「A大学生は数学が得意である」という

結論を導く．帰納推論は，おわかりのように，個別の各事例が正しくても，導き出される結論は必ずしも正しいとは限らない．特に，反例を1つでも示せば結論の主張は困難になる．しかしながら，私たちは日常生活において「静岡県人はおだやかだ」「最近の学生は挨拶しない」のように帰納推論をよく使う．どうして必ずしも結論が正しいとは限らないのに多用するのだろう？　それは，すべての事例を調べ上げることは不可能だからであり，結論は一種の近似解であるとも言える．言い方を換えれば，**サンプリング**（標本化）に基づき母集団の特性を推定していることになる．

（3）**仮説推論**：前提情報に加え，その前提の解釈可能な仮説も用いて結論を導出する推論（**図7.9**）．例えば，「あの実験室は学生が一人でも実験していれば照明がつく」「今日は照明がついていない」の前提から，「今日は学生が一人も実験していない」という結論を導く．これは科学における実験や観察に基づき仮説を検証する手法に通じる．

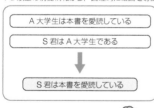

図7.7　演繹推論

1つ以上の前提情報から，論理的に結論を導出

A大学生は本書を愛読している

S君はA大学生である

S君は本書を愛読している

図7.9　仮説推論

前提情報に加え，仮説も用いて結論を導出

あの実験室は学生が一人でも
実験していれば照明がつく

今日は照明がついていない

今日は学生が一人も実験していない

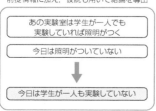

図7.8　帰納推論

個別の事例から普遍的結論を導出

S君は数学が得意である

S君はA大学生である

T君は数学が得意である

T君はA大学生である

U君は数学が得意である

U君はA大学生である

A大学生は数学が得意である

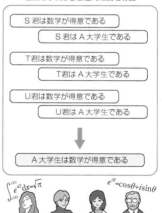

$$\int_{-\infty}^{\infty} e^{-x^2}\,dx = \sqrt{\pi}$$

$$e^{i\theta} = \cos\theta + i\sin\theta$$

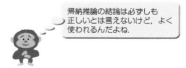

帰納推論の結果は必ずしも
正しいとは言えないけど，よく
使われるんだよね．

4 ウェイソンの選択課題

図7.10は、「おもて面に母音が書かれていれば裏面は偶数」というルールによってつくられたカードだが、これら4枚が、このルールに従っていることを確かめるには、最低どれとどれを裏返せばいいだろう？ 「U」と「6」を選ぶ人が多いのではないだろうか。これは、論理的に演繹推論ができるかどうかをチェックする問題で、**ウェイソンの選択課題**と呼ばれる。「『一方の面が母音である』ならば『その裏面は偶数である』」ことを確かめるためには、「『一方の面が母音である』かつ『その裏面は奇数ではない（＝偶数である）』」ことと「『一方の面が奇数である』かつ『その裏面は母音ではない（＝子音である）』」ことを確認すればよい。つまり、

・おもて面が母音のものは、裏面が奇数ではダメなので裏面をチェックする必要がある

・おもて面が子音のものは、裏面が偶数であっても奇数であってもどちらでもよいので裏面をチェックする必要がない

・裏面が奇数のものは、おもて面が母音ではダメなのでおもて面をチェックする必要がある

・裏面が偶数のものは、おもて面が母音でも子音でもどちらでもよいのでおもて面をチェックする必要がない（母音の裏面は偶数でなければならないが子音の裏面は何でもよい）

という論理で、おもて面が母音のカードと、裏面が奇数のカードのそれぞれ裏側をチェックすればよいということになる。したがって、正解は「U」と「3」である。筆者がこの問題を20名の大学生グループに試したところ、正解できたのは15％であった。

これは、「命題の対偶は真である」ことを使えば、もっと簡単に説明できる。「母音の裏面が偶数」という命題が真であるときに、その逆の命題「偶数のおもて面が母音」、裏の命題「子音の裏面が奇数」は必ずしも真であるとは限らない。しかし、対偶である命題「奇数のおもて面が子音」は真だ。したがって、もとの命題「母音の裏面が偶数」とその対偶である命題「奇数のおもて面が子音」が真として成立していることを確かめればいい。「母音の裏面が偶数」といわれると、私たちはその逆の「偶数のおもて面が母音」であることも正しいと思いがちだ。この思い込みが誤りにつながる。

一方、**同型問題**（見かけが異なっていても構造が同じ問題）で、ルール、すなわちカードに記載する内容を、図7.11のように「『本学の学生である』

ならば『書籍は2割引になる』」という特典に変えて，先ほどとは異なる21名の大学生グループで実験したところ，33％が正解であった（**図7.12**）．違いは，課題の内容が抽象的であるか，身近で具体的であるかだけである．このように，身近で具体的な問題になると解の導出が容易になる現象は**主題化効果**と呼ばれる．これは，私たちが課題を頭の中に具体的イメージとして描くことで解を導き出していることを意味している．アメリカの認知心理学者チェンらは，日常生活の中で使われる「こういう場合には〜が可能である」「こういう場合には〜してはいけない」など，許可や禁止，義務，因果タイプのルールに関する適切な演繹推論がなされやすいことを実験により確かめ，これを**実用的推論スキーマ**とした．このように，私たちの演繹推論が，完全な論理推論ではなく，内容の性質にまで踏み込んだ方法を取り入れているということは興味深い．

図7.10　どれとどれを裏返せばいいか①

「おもて面に母音が書かれていれば裏面は偶数」

下の4枚のカードが，この規則に従っていることを
確認するためには，最低どれとどれを裏返せばいいか？

図7.12　実験結果

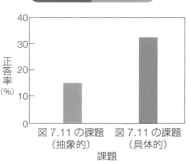

図7.11　どれとどれを裏返せばいいか②

「『本学の学生である』ならば『書籍は2割引きになる』」

下の4枚のカードが，この規則に従っていることを確認するためには，最低どれとどれを裏返せばいいか？

身近で具体的な問題に
なると解を出しやすく
なるのか．

5 コンピュータによるゲーム戦略

ここでは，問題解決の数理工学的モデルの1つとして，ゲームの最適解を求めるAIブーム初期のころの**木探索モデル**を，チェッカーゲームを例にとって紹介する．木探索はヒューリスティックアプローチの1つである．

チェッカーは，**図7.13**のように，市松模様の盤をはさんで2人で行うゲームで，**図7.14**のように初期画面から斜め前に1マスずつ駒を進めていく．その際に，直前に相手駒がありその先が空いていれば相手駒を飛び越えそれを取ることができる．最も奥のラインに達した駒はキングとなり，後方斜め前にも進めるようになる．相手駒を全部取る，もしくは，相手が行き詰まれば勝ちとなる．チェッカーは良定義問題である．なぜなら，7.2節で述べたように，初期状態と目標状態がわかっていて，また遷移していく中間状態もあり，かつ，駒を操作するというオペレータも定義されているからである．

ある局面P_0において，自分（コンピュータ）が駒を進めることが可能な手を枝として伸ばし，さらにその各々の局面において相手（人間）が進めることが可能な手を枝として伸ばす．このように枝の生成を繰り返すことによって，**図7.15**のような**ゲームの木**ができる．最終局面まですべての局面を木表現し探索すれば，最終的に自分が勝つルートが見つけられそれを選んで進めればよいのであるが，簡単なゲーム以外，局面数は膨大になり木を完全に描き調べ上げることは極めて困難である．したがって，ある程度の深さで探索を止め，その局面で勝てそうか負けそうかを判断せざるを得ない．この判断は局面の評価によって行う．評価に使用する**評価関数**はゲームの種類に依存し，チェッカーでは，例えば，勝敗にかかわる要素をパラメータとして，

$$F(P) = w_1 x_1 + w_2 x_2 + w_3 x_3 + \cdots$$ （ただし，x_1は駒数の差，x_2は動ける駒数の差，x_3はキング数の差，w_iは重み）

のように定義しておく．$F(P)$は局面Pにおける評価関数である．そのうえで，所定の深さで終端ノードに相当する局面を評価し，評価値をノードに書き込む．各ノードに評価値が書き込まれたらその値を上位ノードに繰り上げるが，自分の先手局面の場合は派生された各ノードの評価値から最大のものを選ぶ．次も評価値をさらに繰り上げるが，今度は各ノードの評価値から最小のものを選ぶ．なぜなら相手は選択肢の中からこちらの最も不利な局面を選ぶからである．このように最大と最小を繰り返し，評価値を最上位局面まで繰り上げていく（**図7.16**）．この手続きを**ミニマックス法**という．

現在のゲーム対戦プログラムでは，人間同士やコンピュータ同士，もしく

は人間対コンピュータのゲームで勝った側の局面に関する膨大なデータから機械学習（15.8節参照）する方法が主に使われている.

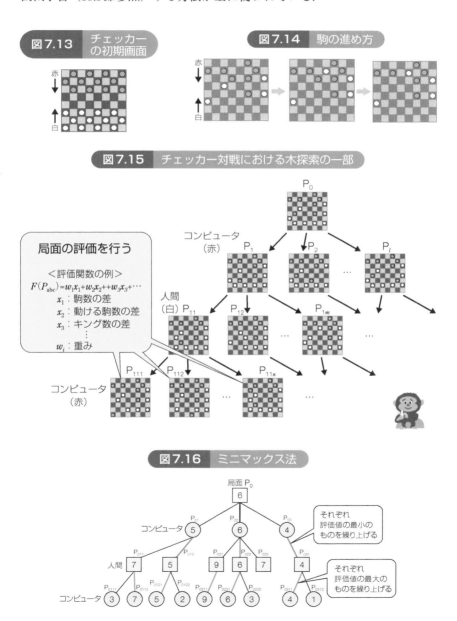

図7.13 チェッカーの初期画面

図7.14 駒の進め方

図7.15 チェッカー対戦における木探索の一部

局面の評価を行う

＜評価関数の例＞
$F(P_{abc})=w_1x_1+w_2x_2++w_3x_3+\cdots$
x_1：駒数の差
x_2：動ける駒数の差
x_3：キング数の差
　　：
w_i：重み

P_0

コンピュータ（赤）　P_1　P_2　P_l

人間（白）　P_{11}　P_{12}　P_{1m}

コンピュータ（赤）　P_{111}　P_{112}　P_{11n}

図7.16 ミニマックス法

局面 P_0

コンピュータ

人間

コンピュータ

それぞれ評価値の最小のものを繰り上げる

それぞれ評価値の最大のものを繰り上げる

〈参考文献〉

● Cheng, P. W., & Holyoak, K. J. (1985). Pragmatic reasoning schemas. *Cognitive psychology, 17*(4), 391-416.
● 荒屋真二（2004）．人工知能概論（第2版）―コンピュータ知能からWeb知能まで―　共立出版
● 石口彰（監修），池田まさみ（著）（2012）．言語と思考　オーム社
● 木下哲男（2014）．人工知能と知識処理　朝倉書店
● ジェームズ・スレイグル（著），南雲仁一，野崎昭弘（訳）（1972）．人工知能―発見的プログラミング　産業図書
● 箱田裕司，都築誉史（2010）．認知心理学（New Liberal Arts Selection）　有斐閣
● 森敏昭，井上毅，松井孝雄（1995）．グラフィック 認知心理学　サイエンス社
● 山口高平（2014）．第五世代コンピュータから考えるAIプロジェクト　人工知能，29巻，2号

意思決定

人生は時々刻々の意思決定の連なりといわれる．今から誰と何をしよう，夕食はどこで何を食べよう，この電車に乗るべきか否かなど，私たちは，そのつど選択肢のいずれかに価値を感じて判断を下しているといえる．また，例えば同じ1,000円でも，朝食だと高いと感じ，夕食だと安いと感じる．あたかも，頭の中に複数の財布を持っていて，そのときの状況で使う財布を選んでいるかのようだ．本章では，こういった価値に基づく意思決定のモデルをみながらその構造を探る．

1 効用と文脈

複数の選択肢に対して1つを選択するプロセスを**意思決定**という．ここでは，意思決定のモデルについて紹介する．

今度の休日に，映画に行くかテーマパークに行くか悩むことがある．そのときにどちらに価値を感じるかによってその意思決定の結果は異なる．このような主観的価値を**効用**という．効用は必ずしも金銭の額面価値に対応するわけではない．同じ新機種のスマートフォンが次の価格で売られているとき，あなたならどちらを選ぶだろうか？　（A）自宅近くの店で46,000円，（B）電車で30分かかる店で41,000円．筆者が24名の学生に対して行ったテストの結果では，**図8.1**のように（A）8.3％，（B）92.7％という選択率であった．ところが，「同じ内容のヨーロッパツアーが次の料金で出ていたら，あなたならどちらを選んで申し込むか？　（C）自宅近くの店で548,000円，（D）電車で30分かかる店で543,000円」という問題を上記とは別の21名の学生に出したところ，同図（C）76.2％，（D）23.8％という結果であった．どちらも5,000円の差なのだが，絶対額が小さい場合は遠くでも安い店，一方，絶対額が大きい場合は高くても近くの店を選ぶ傾向が強いというわけである．このように，金額が大きくなればなるほど利得に対する価値の感じ方が鈍ってくる特性を**感応度逓減性**という．グラフに描くと**図8.2**のようになる．利得に対する効用の対応関係は**効用関数**と呼ばれる．この感応度逓減性を示す効用関数の曲線が2.1節で紹介したフェヒナーの法則の曲線に似ていることにお気づきだろうか？　外界刺激の変動に対して抑えぎみに感じるという私たちの感覚特性特有のカーブなのである．

金額に関する効用はおかれた状況の認識によっても異なる．これを**フレーミング効果**という．好きな人からプレゼントとして4,000円のマフラーを贈られるとしたら，あなたはどちらがうれしいと感じるだろうか？　（X）最高30,000円，最低3,000円の商品棚の中の4,000円の品，（Y）最高5,000円，最低500円の商品棚の中の4,000円の品．これは日本のマーケティング戦略研究者井上が文献提示した問題を一部改変したものだが，筆者が45名の学生に対して行ったテストの結果では，**図8.3**のように，（X）35.6％，（Y）64.4％であった．同じ金額であっても，下位のポジションと認識するか上位のポジションと認識するかで効用が異なる傾向がうかがわれる．私たちにとっての効用は，文脈によって異なってくるのである．

図8.1 絶対額に対する利得の感じ方

同じ新機種のスマートフォンが次の価格で売られているとき、あなたならどちらを選ぶか?

(A)自宅近くの店で 46,000 円
(B)電車で 30 分かかる店で 41,000 円

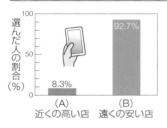

同じ内容のヨーロッパツアーが次の料金で出ていたら、あなたならどちらを選んで申し込むか?

(C)自宅近くの店で 548,000 円
(D)電車で 30 分かかる店で 543,000 円

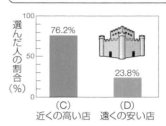

図8.2 感応度逓減性の曲線

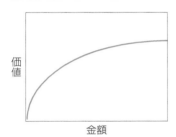

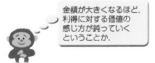

金額が大きくなるほど、利得に対する価値の感じ方が鈍っていくということか.

図8.3 同じ金額に対する効用

好きな人からプレゼントとして 4,000 円のマフラーを贈られるとしたら、あなたはどちらがうれしいと感じるか?

(X)最高 30,000 円, 最低 3,000 円の商品棚の中の 4,000 円の品
(Y)最高 5,000 円, 最低 500 円の商品棚の中の 4,000 円の品

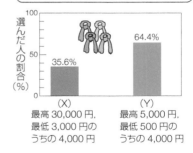

2 プロスペクト理論

8.1 節では，感応度逓減性，すなわち金額が大きくなればなるほど利得の感じ方が鈍くなるという特性を紹介したが，その際の実験結果からは，利得だけでなく損失に関しても同様の現象が観察される．では，その曲線は利得の場合と損失の場合で同じ形状になるのだろうか？

あなたが次のような提案を受けたとしたら，どちらを選ぶだろうか？（A）確実に10万円をもらえる，（B）コインを投げて表が出れば20万円もらえ，裏が出れば何ももらえない．もらえる額の期待値はどちらも10万円である．筆者が45名の学生に対して行ったテストの結果では，図8.4のように，選択率が（A）77.8 %，（B）22.2 %と，（A）の方が圧倒的に多かった．

では，（C）自分の財産から確実に10万円を没収される，（D）コインを投げて表が出れば財産から20万円を没収され，裏なら全く没収されない，という選択肢では，どちらを選ぶだろうか？　没収される額の期待値はどちらも10万円である．筆者が先ほどとは別の21名の学生に対して行ったテストの結果では，図8.5のように，選択率は（C）19.0 %，（D）81.0 %と，（D）の方が圧倒的に多かった．このように，先ほどの（A）（B）の選択とは傾向が異なることがわかる．すなわち，同じ金額でも，利得がある場面では確実に利益につながる方を選択し，損失がある場面ではできるだけ損失を避けようとする選択を行う（**損失回避性**）．したがって，効用関数は図8.6のように原点（**参照点**）に関して点対称ではないS字曲線になる．関数を $y = P(x)$ とすると， $P(x)$ は対数曲線に似たものになるが， a に対して， $|P(-a)| > |P(a)|$ が成り立つと考えられるということである．損失がある場合の方が利得がある場合よりも曲線の立ち上がりが急峻な効用関数となる．損失の方，特に確実に損失を伴う選択肢を強く嫌悪するのだ．アメリカの心理学者トヴェルスキーと行動経済学者カーネマンは，この意思決定モデルを**プロスペクト理論**と呼んだ．

損失回避性は，次のような実験からもみることができる．「次のような広告があったら，あなたならどちらの場合にヨーグルトを食べようとするか？」という問いに対し，（E）健康増進のために，毎日ヨーグルトを食べましょう，（F）ガンにならないよう，毎日ヨーグルトを食べましょう，の2つの選択肢を提示するというテストを，筆者が21名の学生に対し行ったところ，図8.7のように，（E）38.1 %，（F）61.9 %の選択率であった．できるだけ損失を回避しようとする傾向がうかがえる．

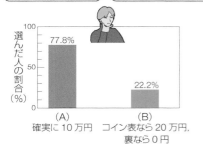

図8.4 あなたはどちらを選ぶか？

(A) 確実に10万円をもらえる

(B) コインを投げて表が出れば20万円もらえ，裏が出れば何ももらえない

選んだ人の割合（%）

(A) 確実に10万円 77.8%
(B) コイン表なら20万円，裏なら0円 22.2%

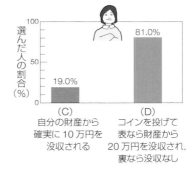

図8.5 あなたはどちらを選ぶか？

(C) 自分の財産から確実に10万円を没収される

(D) コインを投げて表が出れば財産から20万円を没収され，裏なら没収なし

選んだ人の割合（%）

(C) 自分の財産から確実に10万円を没収される 19.0%
(D) コインを投げて表なら財産から20万円を没収され，裏なら没収なし 81.0%

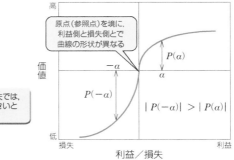

図8.6 プロスペクト理論における効用関数

原点（参照点）を境に，利益側と損失側とで曲線の形状が異なる

価値

高 / 低

損失 / 利益

利益／損失

$P(\alpha)$
$-\alpha$
α
$P(-\alpha)$
$|P(-\alpha)| > |P(\alpha)|$

同じ金額の利益と損失では，損失の方が痛手が大きいと感じるわけか．

図8.7 あなたはどちらの場合にヨーグルトを食べようとするか？

(E) 健康増進のために，毎日ヨーグルトを食べましょう

(F) ガンにならないよう，毎日ヨーグルトを食べましょう

選んだ人の割合（%）

(E) 健康増進のために，毎日ヨーグルトを食べましょう 38.1%
(F) ガンにならないよう，毎日ヨーグルトを食べましょう 61.9%

3 選好モデル

　意思決定のわかりやすい例は，購買場面である．例えば，洋服を購入する場面を考えよう．どのようにして，購入する洋服を決定するのだろうか．一般的には，洋服の属性，すなわち，ブランド，形状，サイズ，色，素材などである（図8.8）．このように，その対象のもつ複数の属性を評価して選択を決定することを**多属性意思決定**と呼ぶ．この考え方に基づく**選好モデル**として，シンプルでよく知られたものに，アメリカの心理学者フィッシュバインの**多属性態度モデル**がある．これは，**図8.9**のように，商品の選好度は，その商品のもつ属性に対する好意度にその属性の効果の重要度をかけたものの積和で表されるというものである．このモデルでは，各属性が互いに独立であるという仮定がおかれている．しかし実際には，サイズと重さのように完全独立ではない属性関係もある．選好モデルにはそのほかにも，重要な属性がある閾値以上のものを選ぶなどいくつかのものがあるが，大きく以下の2つに分けられる（**図8.10**）．

　①**補償型**：ある属性の評価が悪くても他の属性がカバーする

　②**非補償型**：ある属性と別の属性の間に補償関係がない

　補償型では，上述のフィッシュバインモデルを含め以下のものがある．

　（1）**加重加算型**：各属性に重みを付けて加算したり平均を求めたりして，最も値の高いものを選択．フィッシュバインモデルは加重加算型．

　（2）**等加重型**：各属性を重み付けせずにそのまま加算したり平均を求め最も値の高いものを選択．

　（3）**勝率最大化型**：各属性について最も評価値の高いものをピックアップし，その数の最も多いものを選択．

　非補償型には以下のものがあるとされるが，実際には，これらの組み合わせのヒューリスティクスで意思決定される（**図8.11**）．

　（1）**連結型**：属性すべてについて必要条件を設定し，全必要条件を満足するものを選択．（例：スマホで，OSはAndroidでRAMは4GBで6インチ以上の機種を選ぶ）

　（2）**辞書編纂型**：最も重要と考えられる属性について最も高い評価がなされるものを選択．（例：スマホで，画面サイズの最大機種を選び，複数あればその中からRAMが4GBの機種を選ぶ）

　（3）**分離型**：属性すべてについて十分条件を設定し，その条件を1つでも満足するものを選択．（例：スマホで，6インチ以上の機種であればよい

として選ぶ）

（4）**逐次消去型**：すべての選択肢を並べ，属性ごとに必要条件を満足しているかどうかを評価し，満足しないものを除外．（例：スマホで，3機種がAndroidだが，そのうち1機種はRAMが4GB未満のため除外，また別の1機種は6インチ未満のため除外）

（5）**感情参照型**：属性ではなく，過去の購買経験や使用経験から好意をもつものを選択．（例：スマホで，前回使った機種が使いやすかったために，同じものを選ぶ）

図8.8 購入時に考慮する商品の属性

洋服　　　　　　　車　　　　　　　　ファストフード

デザイン　　　　　ボディタイプ　　　味
色　　　　　　　　色　　　　　　　　量
素材　　　　　　　燃費　　　　　　　栄養価
価格　　　　　　　価格　　　　　　　価格
⋮　　　　　　　　⋮　　　　　　　　⋮

図8.9 フィッシュバインの多属性態度モデル

例　　$P_i = \sum_j W_j A_{ij}$

P_i：商品 i の選好度
W_i：j 番目の属性についての効果の重要度
A_{ij}：商品 i の j 番目の属性に対する好意度

図8.10 選好モデルの型

選好モデル

補償型
ある属性の評価が悪くても他の属性がカバーする

非補償型
ある属性と別の属性の間に補償関係がない

図8.11 非補償型における意思決定方略の例

＜連結型＞	＜辞書編纂型＞	＜分離型＞	＜逐次消去型＞	＜感情参照型＞
全属性に必要条件を設定し，全条件を満たす選択肢を選択	最も重要な属性について最も高く評価される選択肢を選択	全属性に十分条件を設定し，1つでもその条件を満たす選択肢を選択	全選択肢を属性ごとに評価し，必要条件に満たないものを順次外す	過去の購買・使用経験から好意をもつものを選択

加重加算型のほかにも，等加重型や勝率最大化型などがあるのか．

4 葛藤状態における意思決定

　あなたがスポーツ用品店を経営する社長であるとする．ある人気ブランドのシューズを販売することになっているが，ライバル社も同じシューズをほぼ同時期に販売することになった．自社は，定価で販売すれば700万円の利益になるが，客足を伸ばすために定価よりも少し価格を下げることを考えている．ただ，その場合，ライバル社が価格を定価のままで販売すれば，顧客は自社に流れてきて1000万円の利益になるが，ライバル社も同じように値下げをすれば，顧客の流れは現状と変わらず，値下げした分だけ売上が減って400万円の利益にとどまる．逆に，自社が定価のままでライバル社が値下げをしたとすると，利益は大幅に減り100万円となってしまう（**図8.12**）．あなたは，どんな戦略をとれば優位に立てるだろうか？

　この状況は，別々の留置所に拘留された2人の容疑者が白状すべきかどうかジレンマに陥るという，いわゆる**囚人のジレンマ**であり，葛藤状態における戦略問題として取り上げられる．もし，これがたった1回限りの勝負であれば，値下げを断行する戦略を選べばよい．なぜなら，自社が値下げをした場合，ライバル社が定価のままであれば1,000万円の利得があり，ライバル社が値下げをしても400万円の利得は確保できる．ライバル社が値下げを断行するかどうかの確率が2分の1と仮定すれば，期待値は1,000万円×50％＋400万円×50％＝700万円となり，自社が定価のままのときの期待値700万円×50％＋100万円×50％＝400万円を上回るからだ．

　しかし，アメリカの政治学者アクセルロッドによれば，囚人のジレンマ状態が続く場面では，**応報戦略**をとるのがおおよそ得策で，双方ともに協力的な姿勢で臨んだ方が，双方にとって，大きくはないながらも利益があるという．彼は，いろいろな分野の研究者から囚人のジレンマ問題に対する最適戦略を募集し，多数回のシミュレーションをさせてその効果を調べた．その結果，最も有効な戦略は，定価戦略のようにまずは相手に協力するような方策をとり，相手が裏切ったときに，相手のとった方策をそのまままねるというものであった．この方略が応報戦略だ．例えば200回の商戦があったとする．もちろん，相手の出方がわかっているのであれば戦略もおのずと決まる．仮に，ライバル社が終始定価維持であれば，自社も定価維持戦略をとることで，700万円×200＝140,000万円の利益が得られる．ライバル社がずっと値下げを断行し続ければ，自社も値下げ戦略をとり続け，400万円×200＝80,000万円の利得が確保できる．また，ライバル社が裏切って2分の1の

確率で値下げを断行してきた場合は，自社も同じ戦略をとることで期待値550万円 × 200 = 110,000万円を確保できることになる．

目標と手段の相互依存関係を考慮した意思決定戦略に関して，以下のような実験がある（**図8.13**）．3か所に水準器が乗った板を3つのネジを調節して水平にする実験装置がある．3つのネジはそれぞれ別の実験協力者が受け持つが，3人のネジのバランスが合わないと各水準器は水平にならない．この実験にAグループとBグループが挑戦した．Aグループには「3名のうち，最も早く水準器が水平になった者に報酬が与えられる」という教示が，Bグループには「3名の水準器がすべて水平になった時間により全員に報酬が与えられる」という教示が与えられ，実験が開始された．結果は，Bグループの勝利であった．Bグループは楽しくいい雰囲気で課題を遂行し，互いに好意をもち，敵対関係にはならなかった．他方，Aグループははじめはいい雰囲気ではなくなかなか勝利者が現れなかったが，回数を重ねるうちに互いに協力的になり，解決時間も早まったという．目標と手段には，図8.13の下表のようにプラス相互依存関係，マイナス相互依存関係，独立関係とがあるが，上記実験のように，目標が互いにマイナス関係にあっても，手段がプラス相互依存関係であれば，協調戦略をとる方が解決に早く近づくこともある．

図8.12	自社とライバル社の出方と自社利益

		自社	
		定価	値下げ
ライバル社	定価	700万円	1000万円
	値下げ	100万円	400万円

必ずしも競い合いが早く報酬を手にできるわけではないのか．

図8.13	目標と手段の相互依存関係を考慮した意思決定戦略

＜Aグループ＞
3名のうち，最も早く水準器が水平になった者に報酬

＜Bグループ＞
3名の水準器がすべて水平になった時間により全員に報酬

関係	目標	手段
プラス相互依存関係	メンバー全員の成功と失敗が一致	各人のもつ手段の組合せで相乗効果
マイナス相互依存関係	誰かが成功すると他者が失敗	ある手段を誰かが使うと他者が使えない
独立関係	ある者の成功と他者の失敗は無関係	各人の手段は自由に使えるが相乗効果もない

〈参考文献〉

●阿部修士（2017）．意思決定の心理学 脳とこころの傾向と対策 講談社選書メチエ

●阿部周造（2013）．消費者行動研究と方法 千倉書房

●井上崇通（2012）．消費者行動論 同文舘出版

●大垣昌夫, 田中沙織（2018）．行動経済学 新版 有斐閣

●小島満（1978）．多属性態度モデルの比較分析 富山大学経済論集, 23（3）

●箱田裕司, 都築誉史（2010）．認知心理学（New Liberal Arts Selection） 有斐閣

●森敏昭, 井上毅, 松井孝雄（1995）．グラフィック 認知心理学 サイエンス社

創　造

筆者が務めていた企業の研究所には，緑豊かな森や日本庭園がある．ときどき訪問される見学者は，ほぼ異口同音に「こんな自然豊かなところがあるから，みなさんいいアイデアがどんどん出るのですね」と言う．自然に囲まれていると発想が豊かになるのだろうか？そもそも，アイデアというものは，何もないところから突然ひらめくものなのだろうか？本章では，ひらめきのメカニズムを明らかにしようとした研究のいくつかをサーベイしながら，発想という人間らしい営みについて考えてみる．

1 再生的思考と生産的思考

　人間らしい心的営みに創造という活動がある．創造は新しい概念を生み出すことである．創造には，洞察（ひらめき），立案，工夫などがある．問題解決の場面での思考には，再生的思考と生産的思考とがある（図9.1）．前者は，過去に使用した知識や手続き，アプローチを用いる思考手法である．再生的思考では，時として行き詰まり状態に陥ることもある．他方，後者は，過去に使用した知識や手続き，アプローチを用いることなく，新しく考案した手続きやアプローチで解決を図る思考手法といえる．

　図9.2 (a) のように，水道の水を20 Lだけ水そうに入れたいとする．使えるものは，カップA（29 L），カップB（3 L）だけである．これを実現するにはどうすればいいだろう？　この問題では，カップAで1杯の水を水そうに注ぎ，続いてカップBで3杯の水をくみ出せばよいと解を導き出せた人が多いだろう．つまり，＋A－3Bである．では，同図 (b) の問題1ではどうだろうか？　使えるカップはA，B，Cの3個である．カップBで1杯の水を水そうに注ぎ，今度はカップAで1杯とカップCで2杯の水をくみ出せばいいことがわかるだろう．つまり，＋B－A－2Cである．同様に，問題2から問題4まですべてやってみてほしい．すべてできただろうか？　どの問題も同じ＋B－A－2Cというやり方でできると考えた人が多いのではないだろうか？　確かに，このやり方で4問とも解けるのだが，最後の問題4は，実は，＋A＋Cと，もっと簡単に解くことができる．この問題は，ルーチンスの水がめ問題と呼ばれている問題を改変したものだ．

　このように，先行するいくつかの問題に対する解法経験によって，再生的思考を続けているうちに，固定的なアプローチが形成されることを構えという．

　図9.3のように，ガラス工芸品を床から離して壁に飾るにはどうしたらいいだろうか？　ただし，使えるものは，図にあるものだけとする．これは，ドイツの思考心理学者ドゥンカーのろうそく課題を改変したものだ．この問題では，マッチで火をつけたりろうそくに灯したりするなど，本来の用途にこだわるとなかなか解けないかもしれない．これらは，機能的固着と呼ばれる状況である．正解があるわけではないが，マッチを取り出した空箱を立てたろうそくで支え，画びょうで壁にとめ，その上にガラス工芸品を置けば，容易に床から離して壁に飾ることができる．機能的固着は，長い間積み重ねた経験から，マッチ箱はマッチ棒を入れるものろうそくは火をつけるものな

どのように，これはこういう使い方をするものだと，モノのもつ特定の機能や役割にのみ執着する特性をいう．

このように，構えや機能的固着は効率よく解を求めるのに有効だが，生産的思考の妨げになることがある（**図9.4**）．

図9.1 再生的思考と生産的思考

問題解決場面における思考

再生的思考
過去に使用した知識や手続き，アプローチを用いる

生産的思考
新しく考案した手続きやアプローチで解決を図る

図9.2 カップと水そう問題

(a) カップ A，B のみを使って，水そうに20 L 入れるには？

水そう
カップA
カップB
29 L　3 L

(b) カップが3つになった下の場合では？

単位 L

問題	カップA の容量	カップB の容量	カップC の容量	水そうに 入れたい量
1	20	74	22	10
2	17	45	8	12
3	5	24	6	7
4	13	89	21	34

図9.3 ガラス工芸品の装飾

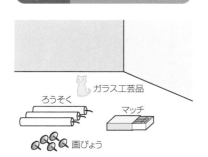

ガラス工芸品
ろうそく
マッチ
画びょう

図9.4 構えや機能的固着

生産的思考

構え

機能的固着

妨害

構えや機能的固着が，生産的思考の妨げになることがあるのか．

　問題解決場面において，ひらめく，すなわち非連続的な発案行動を洞察という．心的活動プロセスを情報処理システムと考えていることから，無の状態から何かが生まれることはないと考えるのが妥当である．そのように考えれば，洞察も何らかの手がかりから発案する行動ということになる．

　ところで，図9.5のように9個の点が並んでいるとき，これらの点をすべて通過するよう，4本の直線を一筆書きでつなげて描けるだろうか？　この問題を解かせようとすると，3×3の正方形内の範囲で直線を引こうとする人が多い．つまり直線の長さは最大3点の対角線以上にはしないという思い込みが足を引っ張るのだ．この呪縛から解放されないと，この問題は解くことができない．この正方形内の範囲から飛び出せばいいという洞察が必要なのである．

　アメリカの心理学者ウォーラスは，人間が創造的解に到達するプロセスには以下の4段階があると著書で述べている（図9.6）．

　（1）準備：問題と要求事項を定義し，解や反応要因を説明するための情報を集める．そして，その解が受け入れられるかどうかを検証する基準を決める．

　（2）あたため：その問題から距離をおき，熟考し考え抜く．（1）の準備と同じように，何分も続くが，場合によっては，何週間も何年もかかることがある．

　（3）ひらめき：アイデアが，創造的反応のベースを提供する心的状態から生ずる．これらのアイデアは，全体の一部あるいは全部，すなわち概念あるいは同時に実体も含めた全体かもしれない．ほかの段階とは異なり，ひらめきの段階は非常にシンプルで，数分から数時間以内で洞察が現れる．

　（4）検証：ひらめきから浮かんできたことが，要求事項や（1）の準備段階で決められた検証基準を満たすかどうかを検証する．

　アメリカの認知科学者オールソンは，洞察では心的表象が変化するという**表象変化理論**を提唱した．同理論では，問題解決において，まず問題の心的表象を形成し，手続きを長期記憶から検索しているうちに適切なものがないと行き詰まり状態に陥る．この状態で，問題の心的表象を変化させると，それに対応した手続きを長期記憶から探し直す．例えば，9.1節のろうそく課題の例ではマッチ箱を置台として使う，上記の9点の一筆書き問題では正方形の範囲を逸脱するなどの制約緩和を考えることが，問題の心的表象に変化

を起こす.

そして，適切なものが見つかると，それがひらめきにつながる．ただ，オールソンは，表象が変化したとしても必ずしも問題解決が成功するとは限らないと述べている．つまり，新しい表象の結果は状況に依存し，眠っている知識の検索を誘発すれば，新しい問題空間で効果的に働くのだが，それは必ずしもうまくいくとはいいきれないという．日本の計算機科学者関らは，この表象変化を説明するための制約の緩和理論を提案した（**図9.7**）．彼らによれば，洞察には，対象，関係，ゴールの3つのレベルの制約が作用するが，これらは失敗の積み重ねで緩和方向に向かい，効果的なオペレータが採用されるようになって洞察につながるというものである．例えば，**図9.8**のようなTパズルを完成させる問題を例にあげれば，三角形を安定した形で水平面に置く傾向が対象レベルの制約，凹凸の少ない形になるように連結する傾向が関係レベルの制約，ゴールのT字型もしくはサブゴールの縦長長方形と横長長方形に近いか否かで途中状態を評価する傾向がゴールの制約である．これらが，失敗の積み重ねで，斜め置きが出たりサブゴールの形が変化したりするなど，緩和が開始され，洞察につながる．

洞察は，連想や制約緩和，視点を変えるという思考プロセスの結果ともいえる．不良定義問題においては，試行錯誤を繰り返し正解に到達する．試行錯誤はPDCAのサイクルだが，そのプロセスも洞察につながる．

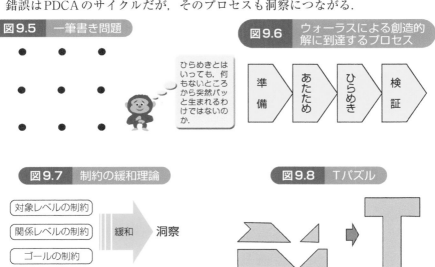

図9.5　一筆書き問題

ひらめきとはいっても，何もないところから突然パッと生まれるわけではないのか.

図9.6　ウォーラスによる創造的解に到達するプロセス

準備　あたため　ひらめき　検証

図9.7　制約の緩和理論

対象レベルの制約
関係レベルの制約
ゴールの制約

緩和　洞察

図9.8　Tパズル

3 アナロジーを用いた発想

　まず，**図9.9**の問題に取り組んでみよう．これは，ドイツ出身の心理学者ドゥンカーの腫瘍問題と呼ばれるものだが，なかなか答えが見つからないかもしれない．アメリカの認知心理学者ジックとホリオークが行った実験では正解率は10％程度であった．

　ところで，あなたは，コンピュータにおけるハードディスクとメモリの違いを近所のおじいさん，おばあさんに説明できるだろうか？　これらは，コンピュータ上での情報処理において，**図9.10**（1）のような関係にあるが，台所にたとえて説明すると理解されやすい．すなわち，同図（2）のように，ハードディスクは台所でいえば冷蔵庫，すなわち食材を保存したりできあがった料理を保存したりしておく格納庫であり，容量が大きければ大きいほどたくさんの食材や料理をストックしておくことができる．一方，メモリは台所でいえば調理台，すなわち料理人が食材を使って調理という作業を行うスペースであり，サイズが大きければ大きいほどいろいろな作業が同時進行で行え，調理のスピードも速くなる．ただし，作業が終われば広げていたものは片付けられて消えてしまう．これらのことからわかるように，CPUは料理人に，データは食材に，処理結果は料理にそれぞれ相当する．さらに，こういった個々の概念が対応するだけでなく，図9.10のように，概念間の関係も対応している．このような各概念および関係性を対応づけるたとえは，**アナロジー**（類推）と呼ばれる．アナロジーを用いると，経験したことのない新しい問題について，これまでの延長ではない異なる視点から眺めることができ，非連続的に解決の糸口が見つかることがある．アナロジーでは，とりあげる問題・状況を**ターゲット**，たとえられる類似した過去の知識・経験を**ソース**，対応づけを**写像**と呼ぶ．上の例では，コンピュータにおけるハードディスクとメモリがターゲット，台所における冷蔵庫と調理台がソースである．

　ここで，**図9.11**の要塞攻撃分散物語を読んでいただきたい．カナダの心理学者ジックらは，実験協力者にこの物語を読ませた後で先の図9.9の問題を与えると30％の正解率となり，さらに，この物語がヒントになると教示を与えた場合は75％の正解率となることを実験で確かめた．すなわち，75％の実験協力者にとって，上記腫瘍問題がターゲット，この要塞攻撃分散物語がソースとなったといえそうである．

　このように，アナロジーを用いた問題解決では，①ターゲットに類似した

ソースを長期記憶領域から検索する，②ソースからターゲットへの特徴の写像を行う，③写像の状況からターゲットに対する解を生成する，という過程を経る（**図9.12**）．

図9.9 腫瘍問題

胃に悪性腫瘍をもつ患者がいる．外科医であるあなたはその早急な治療を迫られているが，手術は不可能であるため，放射線照射によって，腫瘍を破壊するしか方法がない．
しかし，破壊に必要な強度の放射線を患部に照射すると，腫瘍に放射線が届くまでの間にある健康な組織まで破壊してしまう．照射強度が弱ければ健康な組織を破壊することはないが，それでは腫瘍の破壊はできない．健康な組織を破壊せずに，悪性腫瘍だけを破壊するには，どうすればよいだろう？

図9.10 アナロジーにおけるターゲットとソース

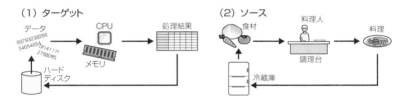

（1）ターゲット

データ　CPU　処理結果
メモリ
ハードディスク

（2）ソース

食材　料理人　料理
調理台
冷蔵庫

図9.11 要塞攻撃分散物語

国の中央に要塞があった．その要塞からはたくさんの道が放射状に伸びている．敵国の将軍は，兵隊を使って要塞を手に入れようとしていた．ところが，道には兵隊や近くの村を破壊する地雷が埋められているため，大部隊の兵士達では道を進んで要塞を攻撃することができない．
しかしながら，要塞を手に入れるには大部隊が必要で，小部隊ではできない．そこで，将軍は兵士をいくつかの小部隊に分け，それぞれを異なった道に配置した．そして，同時に要塞を攻撃させた．
このようにして，将軍は要塞を手に入れた．

＜ターゲット＞
腫瘍問題

＜ソース＞
要塞攻撃分散物語

図9.12 アナロジーによる問題解決の過程

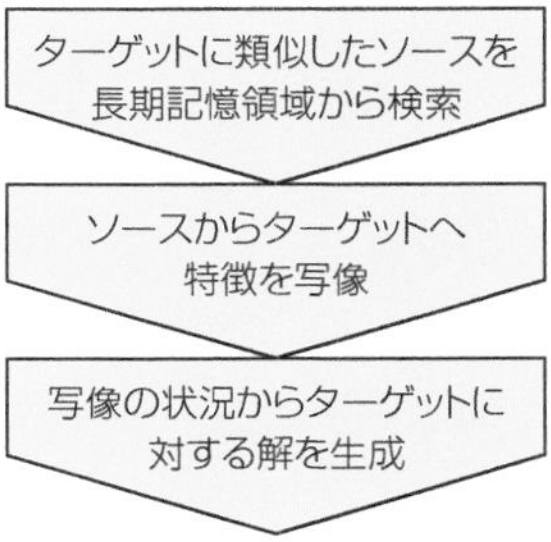

ターゲットに類似したソースを長期記憶領域から検索

ソースからターゲットへ特徴を写像

写像の状況からターゲットに対する解を生成

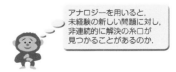

アナロジーを用いると，未経験の新しい問題に対し，非連続的に解決の糸口が見つかることがあるのか．

4 発想支援手法

　本章では，洞察が，全く何もないところから突然生まれるものではなく，連想や制約緩和，視点の転換，アナロジーなどの思考プロセスの結果，心的表象の変化がもたらすものである可能性が高いということを述べてきた．ここでは，視点の転換や連想を促すことによって発想を支援できるという考え方に基づき，TRIZ とマンダラートの2種類の手法を紹介する．

　TRIZ は，独創的問題解決理論というロシア語の頭文字を並べたもので，旧ソ連の技術者アルトシューラーが考案した技術問題解決支援手法である．アルトシューラーは，技術者が発明にたどり着くアプローチの本質を追究し，以下の結論を得た．

　①問題に直面したときには，過去の成功体験を参照し解決しようとする
　②過去の成功体験が使えないときには，試行錯誤に向かう
　③ある点を改善しようとすると別の点が悪化するという技術的矛盾をうまく両立させ，解決することが成功につながる
　④技術的矛盾を解決するには，定石がよりどころになる

　この結論に基づき，膨大な量の特許を分析し，共通する定石を原理として法則化した．TRIZ では，技術的矛盾の対立事項を同時に解決することを目指す．そのために，上記原理を40種にまとめたもの（表9.1）を用い，これらのうちのいずれかを適用することによって，アイデアを引き出す．

　例えば，よろいの実現方法を考えることとしよう．まず，身体を防護する主目的のため，よろいは「硬くて頑丈である」必要がある．しかし，身に着けるために「柔らかくて可動性がある」必要がある．これらの要求事項は技術的矛盾である．この矛盾を同時に満たすようにするために，例えば「02分離原理」を適用してみる．分離には空間的分離や時間的分離があるが，ここでは，防護部分を鋼や革の硬い素材で，可動部分を布や紐の柔らかい素材でつくり空間的分離することで，矛盾対立事項を同時に満たすようなよろいの形態が実現できるという着想に至る（図9.13）．

　マンダラートは，日本のデザイナー今泉が考案した，連想の連続によってアイデアを広げ，まとめていく手法である．マンダラートのベースは，3×3のセルであり，これに連想されるワードを書き込んでいき，アイデアを広げていく．その手順は以下の通りである（図9.14）．

　①解決したい命題を中央のセルに置く
　②中央の命題から連想されるワードを残り8方向のセルに書き出す

③さらにこれら8個のワードを中央に書いた3×3のセルをそれぞれつくる

④各セルの中央のワードから連想されるワードを同様に8方向に書き出す

⑤81個のセルをすべて埋めた後，類似ワード同士を同じ色で塗る

　色が塗られたワードは重要度が高いことを意味するため，これらを軸にアイデアを詰める．図9.14の例では，最先端の住宅についてマンダラートから，結果として，軽金属を材料とした柔構造で，自動処理システムを完備した頑健な建物など，新しい住宅コンセプトが引き出されやすくなる．

表9.1　解決のための40の原理（一部）

項番	原理の名称	意味
01	分割原理	いくつかに分割する
02	分離原理	空間的もしくは時間的に分けてみる
03	局所性原理	一部を変えて実行する
04	非対称原理	対のバランスをくずす
05	組み合わせ原理	組み合わせてみる
06	汎用性原理	一般化し他にも適用できるようにする
07	入れ子原理	入れ子構造にしてみる
08	つりあい原理	バランスがとれるようにする
09	先取り反作用原理	あらかじめ不都合を考慮する
10	先取り作用原理	あらかじめ作用させておく

項番	原理の名称	意味
30	薄膜利用原理	膜状のモノを使ってみる
31	多孔質利用原理	穴を利用してみる
32	変色利用原理	色を変えてみる
33	均質性原理	異なる特性値を同程度にしてみる
34	排除／再生原理	使ったモノが消えるようにしたり再利用することを考えてみる
35	パラメータ原理	比率を変えられるようにする
36	相変化原理	物質の状態変化を利用してみる
37	熱膨張原理	熱を加えてふくらませたり伸ばしたりしてみる
38	高濃度酸素利用原理	濃度の高いモノを使ってみる
39	不活性雰囲気利用原理	反応が起きにくいモノを使ってみる
40	複合材料利用原理	いくつかの材料を組み合わせてみる

図9.13　TRIZの考え方

「硬くて頑丈」「柔らかで可動」

「02 分離原理」を適用（空間的分離）

防護部分を鋼や革の硬い素材でつくる

可動部分を布や紐の柔らかい素材でつくる

TRIZでは，矛盾対立事項の両立解決を目指すのか．

図9.14　マンダラートでは，中央のワードから8方向にアイデアを広げていく

瓦	軽い	開閉	レンガ	断熱	防水	給湯	太陽光	風車
ヘリポート	屋根	冬明暖房	調和色	壁	簡単清掃	蓄熱	省エネ	氷室
断熱	ソーラー	傾斜	防音	無剥がれ	色変わり	自家発電	二重窓	循環水
浮力	アルミ	家具	屋根	壁	省エネ	鍵	グラスウール	断熱材
タフポリマ	軽量	折り畳み	軽量	最先端の住宅	耐震	反射板	耐熱	金属幕
ガルバリウム鋼板	セラミック	移築	耐震	自動	防犯	水流壁	水膜壁	送風
土台	柔構造	すじかい	給湯	ドア	家電	耐寒	カメラ	二重窓
頑丈	耐震	免震ゴム	空調	自動	AI	センサ	防犯	赤外線
オイルダンパ	鉄骨	耐力壁	認証	料理ロボット	掃除ロボット	ライト	格子窓	通報システム

↑ 中央のワードから連想されるワードを周りのセルに書き出す

↷ 連想されたワードを周囲の中央に置き，そこからさらに連想されるワードを周りのセルに書き出す

〈参考文献〉

● Gick, M. L., & Holyoak, K. J.（1980）. Analogical problem solving. *Cognitive Psychology, 12*(3), 306-355.

● MacGregor, J. N., Ormerod, T. C., & Chronicle, E. P.（2001）. Information processing and insight: a process model of performance on the nine-dot and related problems. *Journal of Experimental Psychology: Learning, Memory, and Cognition, 27*(1), 176.

● Ohlsson, S.（1992）. Information-processing explanations of insight and related phenomena. *Advances in the psychology of thinking, 1*, 1-44.

● Wallas, G.（1926）. *The art of thought.* Harcourt, Brace & Company; Harcourt Brace.

● 阿部慶賀（2010）. 創造的思考における「あたため」の効果に関する文献の紹介 Cognitive Studies, 17（1）

● 井坂義治（2004）. 技術者のための問題解決手法 TRIZ　養賢堂

● 石口彰（監修），池田まさみ（著）（2012）. 言語と思考　オーム社

● 今泉浩晃（2004）.「成功」を呼び込む9つのマス　全日出版

● 岡田直之（2009）. 脳に宿る心　オーム社

● 黒澤愼輔（2008）. TRIZ流 問題の見方　産業能率大学

● 御領謙，菊地正，江草浩幸，伊集院睦雄，服部雅史，井関龍太（2016）. 認知心理学への招待 改訂版　サイエンス社

● 鈴木宏昭（2016）. 教養としての認知科学　東京大学出版会

● 開一夫，鈴木宏昭（1998）. 表象変化の動的緩和理論：洞察メカニズムの解明に向けて　Cognitive Studies, Vol.5, No.2

● 田中観自，渡邊克巳（2012）. 視覚運動系列学習における潜在的転移に学習時の顕在的試行錯誤が及ぼす影響　日本認知科学会第29回大会

● 道又爾，北崎充晃，大久保街亜，今井久登，山川恵子，黒沢学（2011）. 認知心理学 新版　有斐閣

● 田村昌彦，三輪和久（2011）. 洞察問題解決における類推的手掛かり利用の検討 Cognitive Studies, 18（2）

● 箱田裕司，都築誉史（2010）. 認知心理学（New Liberal Arts Selection）　有斐閣

● 服部雅史，小島治幸，北神慎司（2015）. 基礎から学ぶ認知心理学　有斐閣

● 本田秀行（2012）. TRIZ発想法　秀和システム

● 和嶋雄一郎，阿部慶賀，中川正宣（2008）. 制約論を用いた洞察問題解決過程のカオスニューラルネットワークモデルの構築　Cognitive Studies, 15（4）

言語理解

私たちは，数百万年前に猿類と分かれて以降，進化し高度な文明を築いたわけだが，言語なくしてその発展はなかったといわれる．言語は意図表現の道具であるのみならず，意図伝達の道具，思考の道具でもある．したがって，言語の生成や言語の理解について掘り下げることにより，意図の推定や思考プロセスの手がかりが得られる可能性がある．本章では，言語生成モデル，言語理解モデルをサーベイしながら，コンピュータ上での言語処理との関連性を探る．

1 自然言語と人工言語

　私たちの思考は，頭の中で言語によって行われているのだろうか？　例えば，三段論法をはじめ論理的思考は言語によって行われている可能性が高いと推察できる．しかし，言語習得前の乳幼児や言語をもたないカラスなどの動物も，知識を使ってさまざまな判断に基づき行動していることから，必ずしもすべての思考が言語によって行われているわけではないことも明らかである．それでも，「小雨」に類する，小ぬか雨，しとしと雨，霧雨，なみだ雨など，さまざまな母語をもつ民族と，小雨という単語しかもたない民族とでは，雨に関する認知が異なっている可能性は高い．このように，認知には言語依存という側面もあり，また，心的表象が言語である場合もあることから，認知科学では言語理解についての言及は避けて通れない．

　言語には，話し言葉である**音声言語**と書き言葉である**文字言語**とがある（**表10.1**）．音声言語は聴覚チャンネルにより受容され，文字言語は視覚チャンネルにより受容される．また，音声言語は1次元情報であり，録音テープのように頭から逐次アクセスするのに対し，文字言語は2次元情報であり，一覧性をもち新聞を読むようにランダムにアクセスすることが可能である．さらに，音声言語は揮発性，情動伝達容易という特性をもち，文字言語は不揮発性，情動伝達困難という特性をもつ．

　音声言語の発話の基本は，**母音**や**子音**を素早く発することにある．これができるかどうかは，声道の中で，舌やあごを使っていろいろな空間を早くつくれるかどうかにかかっており，ここでヒトとサルの声道の差が決定的となる（**図10.1**）．サルでは，弁の働きをする喉頭蓋（こうとうがい）が高い位置にあるのに対し，ヒトでは低い位置にある．このため，サルでは咽頭（いんとう）のスペースが狭く，音韻を発声すること，すなわち**調音**が難しいのに対し，ヒトの場合，咽頭のスペースがたっぷりあり，母音をつくるのに都合がよい．この違いによりヒトは母音を発声することができた．そして，唇や歯，歯茎などでつくられる子音と咽頭のスペースでつくられる母音を組み合わせて言語をつくり出した．このように，自然発生的に生まれた言語が**自然言語**だ（**図10.2**（1））．自然言語は最初に言語ありきで，その後，文法などが整理されていった．そのため，自然言語は規則性が弱く，規則的にみえても例外が存在する場合が非常に多い．例えば英語において，動詞を過去形にする場合，/hope/⇒/hoped/のように/d/が語尾につくパタン，/talk/⇒/talked/のように/ed/が語尾につくパタン，/take/⇒/took/のように変形するパタン，/cut/⇒/

cut/のように同形のパタンと，規則性と例外とが混在する．また，自然言語には多義性をもつ表現が多く存在する．例えば，「この服は，背が高い友達の妹に似合いそうだ」では，背が高いのは友達とも妹ともとれる．ただ，音声言語ではこれら多義性を韻律（3.4節参照）によって解消できる場合もある．

自然言語に対し，人工言語がある（**図10.2 (2)**）．人工言語は最初に語彙と文法ありきで，これらから意図的につくり出される言語である．プログラミング言語が代表格だが，エスペラント語などの人工言語による共通語の試みもある．

表10.1 音声言語と文字言語

	音声言語	文字言語
受容チャンネル	聴覚	視覚
情報次元	1次元	2次元
アクセス特性	逐次性	一覧性
保存特性	揮発性	不揮発性
情動伝達	容易	困難

母音の調音が難しいのに，こんなにしゃべってるのは変？

図10.1 ヒトとサルの「のど」の形の違い

ヒトは多種の母音を発声することにより多種の音韻をつくり出し，言語をもつようになった

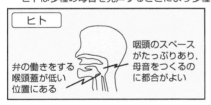

ヒト

咽頭のスペースがたっぷりあり，母音をつくるのに都合がよい

弁の働きをする喉頭蓋が低い位置にある

サル

咽頭のスペースが狭く，調音が難しい

喉頭蓋が高い位置にある

図10.2 自然言語と人工言語

（1）自然言語

・自然発生的に登場
・最初に言語ありき

（2）人工言語

・人工的につくった語彙や文法から生成
・最初に語彙と文法ありき

```
#include<stdio.h>
int main (void) {
    printf ("This is the recommended
book in particular!\n") ;
    return 0;
}
```

2 言語の多層構造とメンタルレキシコン

　人間の言語処理モデルについては多くの研究があるが，言語は**図10.3**のような多層構造（音韻，語彙，統語，意味，語用レベル）をなしており，しかも，これら各層は互いに完全独立ではないことが知られている．

　私たちは，長期記憶に単語を保持していると考えられている．これを**メンタルレキシコン（心的辞書）**という．メンタルレキシコンは，各単語について，音韻情報，統語情報，意味情報をもっていると考えられる．日本人成人では，数万レベルの語彙を保有するといわれる．では，このメンタルレキシコンはどのような構造をもっているのだろうか？　通常の国語辞典のような構造なのだろうか？　メンタルレキシコンのモデルについては，まず4.3節で説明した活性化拡散モデルがあげられる．プライミング効果は，メンタルレキシコンが複数の単語のネットワークとして格納されており，一部が活性化されると関連する単語にもこの活性化が拡散し，ある範囲で再生が促進されるという考え方に基づく．

　ほかにも，オランダの心理言語学者カトラーによるメンタルレキシコンのモデルがある．これは，単語の一つ一つに対して辞書エントリがあり，各エントリには，音韻情報，統語情報，意味情報などが記載されている．そして，ある語に関するこれらの情報はノードで連結され，システマティックに格納されているとする．例えば，discountは「割り引く」「割引」「真面目にとらない」など多義性のある英単語であるが，同モデルでは，「数えあげ」という意味の名詞の動詞形countに否定の接頭辞disがついたものに，動詞2種類と1つの動詞から派生した名詞の3つの語が関係づけられている．そしてそれぞれには，発音やストレス位置，統語カテゴリー，意味などが記載されている（**図10.4**）．

　アメリカの言語学者フロムキンらは，難読症患者に関する知見に基づき，**図10.5**のようなメンタルレキシコンモデルを提案した．同モデルは，各単語のエントリーが複数のサブレキシコンに分けられて存在し，相互にポインタ参照されるシステムになっている．サブレキシコンには，正書レキシコン，音韻レキシコン，意味レキシコンがある．各サブレキシコンのエントリには，正書ポインタ，音韻ポインタ，意味ポインタが記載されており，これらが必要に応じて相互に参照される．例えば，ある単語の文字列をみて発音する際には，まず正書レキシコンにアクセスされた後，その中の音韻ポインタを介して音韻レキシコンにアクセスされ，その内容をもとに発音される．

正書レキシコンは，文字の昇順でソートされているだけでなく，同モデルを用いれば，深層難読症患者が単語を読むことはできないが意味はわかるという状況について，音韻レキシコンがダメージを受けているが，意味レキシコンは機能しているという説明ができる．例として，話者が'coat'と言うべきところを'cape'と言ってしまう場合を考えると，意味アドレスS115の代わりにS124を参照し，音韻アドレスP2007を参照することにより，/kep/と発音してしまうと考えられる．難読症患者では，正書レキシコンに出入りする矢印がブロックされてしまうため，と考えることができる．

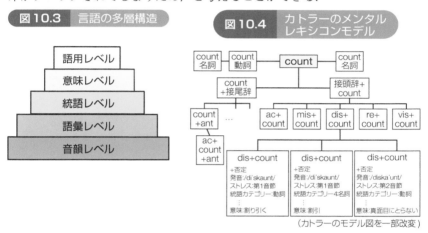

図10.3　言語の多層構造

図10.4　カトラーのメンタルレキシコンモデル

（カトラーのモデル図を一部改変）

図10.5　フロムキンらのメンタルレキシコンモデル

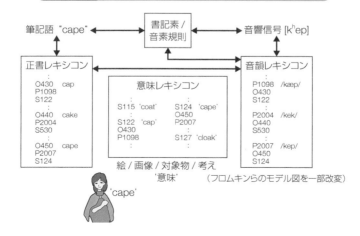

（フロムキンらのモデル図を一部改変）

3 単語認知

　次に単語認知プロセスについて考える．単語認知に関してはいくつかのモデルが提案されているが，まず，イギリスの心理学者モートンによって提案された**拡張ロゴジェンモデル**を紹介する．同モデルは，**図10.6**のように，いくつかの**ロゴジェン**と呼ばれるユニットおよび認知システムから構成されている．ロゴジェンには，聴覚入力ロゴジェン，視覚入力ロゴジェン，出力ロゴジェンがある．ロゴジェンは入力があると活性化され，入力信号の強度がある閾値を超えると発火する．聴覚入力ロゴジェンと視覚入力ロゴジェンは，それぞれ聴覚系からの刺激に基づく聴覚分析や視覚系からの刺激に基づく視覚分析からのボトムアップ的信号を受け，閾値を超えた信号を出力ロゴジェンに送る．同時に，出力ロゴジェンは，統語知識や意味知識に基づく認知システムからのトップダウン的信号も受け取り，強度に応じて閾値を超えた信号を反応バッファに送る．

　アメリカの神経科学者マースレン-ウィルソンの提案した**コホートモデル**は，話し言葉による単語認知モデルである．同モデルでは，**図10.7**のように，単語音声が入力されると，語頭の音素を候補とするコホート（歩兵隊）が活性化され，続いて，統語，意味情報によってコホートが絞られる．さらに次の段階で，次にくる音素，統語，意味情報からコホートが絞られる．これを続け，候補が1つになったところで単語認知プロセスは終了する．この例では，「I made a hole with the」に続く単語の認知を想定している．彼らはその後，音素よりも細かい音響特徴に基づく単位で候補を絞ったり，トップダウン的な絞り込みを抑えたりするなどの改良を加えている．

　アメリカの認知心理学者マクレランドとラメルハートが提案した**相互作用活性化モデル**は，**図10.8**のようにノードとリンクから構成される．拡張ロゴジェンモデルと同様に，入力信号の強度に応じて活性化レベルが決定されるが，リンクには，興奮性（赤矢印）と抑制性（青丸）があり，ノードへの入力は，興奮性のリンクの信号強度の総和から抑制性のリンクの信号強度の総和を差し引いたものになる．同モデルは特徴レベル，文字レベル，単語レベルの3つの層をなしている．まず，最も下位の特徴レベルのノードが反応し，その活性化された信号が上位の文字レベルノードに伝わり，さらに上位の単語レベルノードに伝わる．一方で，トップダウン的に単語レベルから文字レベル，そして特徴レベルの活性化信号の伝播も同時に行われる．文字レベルのノード間のリンクは抑制になっている．すなわち，ある文字が活性化

すると他の文字を抑制する.

　ある文字が単語中にあるときの方が非単語中にあるときよりも認知されやすいという**単語優位効果**が知られている．アメリカの心理学者レイチャーは，"WORD"のような単語と"OWRD"のような非単語を実験協力者に50ミリ秒の間提示し，直後に「"D"と"K"のどちらが文字列中に含まれていたか？」のように，含有文字を答えさせることによって，正解率を調べた（**図10.9**）．その結果，非単語中よりも単語中の方が成績がよかった．この特性が単語優位効果だが，相互作用活性化モデルによって説明されることも多い．

図10.6　拡張ロゴジェンモデル

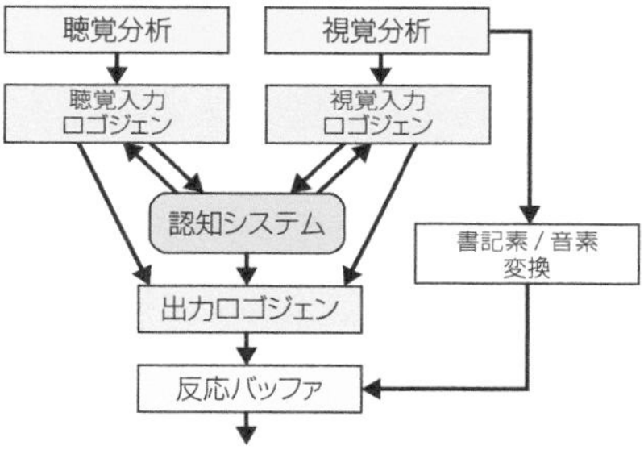

（モートン文献［1980］の図を一部改変）

図10.7　コホートモデル

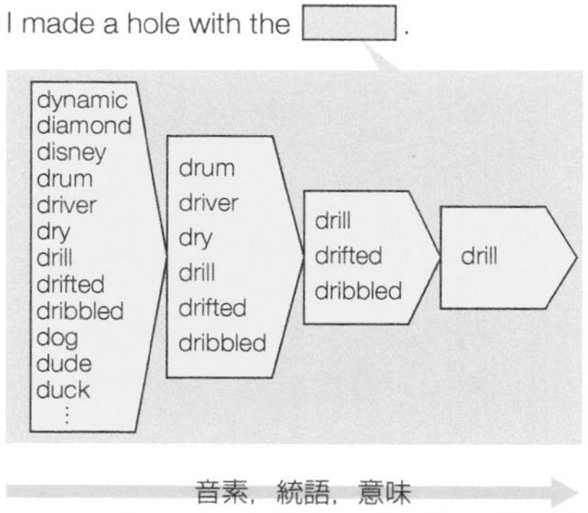

I made a hole with the ▭.

音素，統語，意味
（マースレン文献［1987］の図を一部改変）

図10.8　相互作用活性化モデル

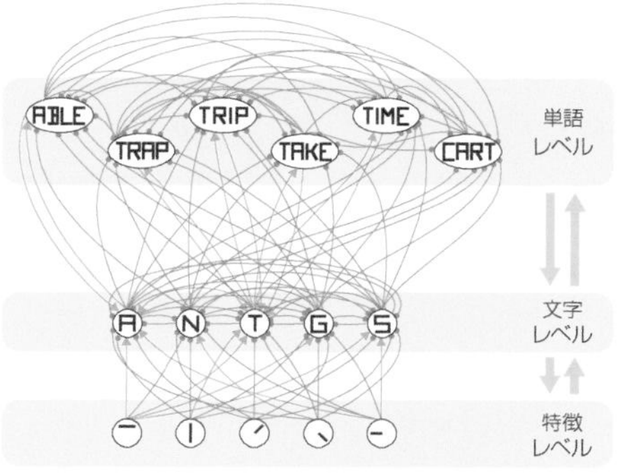

（マクレランド文献［1981］の図を一部改変）

図10.9　単語優位効果実験

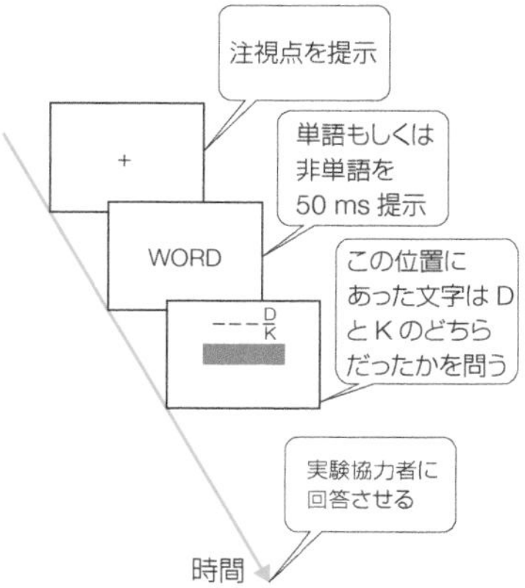

注視点を提示

単語もしくは非単語を50 ms提示

この位置にあった文字はDとKのどちらだったかを問う

実験協力者に回答させる

時間

（レイチャー文献［1969］，スペアー文献［1986］をもとに筆者作成）

4 統語論的言語産出・理解モデル

　乳幼児がどのようにして言語を獲得していくかについては，さまざまな言語経験を重ねることによって身につけていくという経験説と，生来言語基盤をもっていて，環境や経験によってカスタマイズされるのだという生得説がある．前者は，刺激と反応の繰り返しで強化されていくといういわゆる学習理論であり，行動主義的考え方に基礎をおいているといえる．これに対して，生得説に立つチョムスキーは，「Colorless green ideas sleep furiously.」という例文を示し，「私たちは，このような単語同士の接続を誰からも教えられないし繰り返すこともない．また，文法の細かい正誤をきちんと教えられることもない．しかし，意味はおかしいが文法としては正しいということはわかる．また，見たこともない文をつくることができる．これらは，経験説では説明できず，生まれながらにしてすでに言語基盤をもっているのだ」と主張した．これが言語の種類に依存しない普遍文法の概念につながっており，この普遍文法が明らかになれば言語獲得プロセスも解明できるとした．

　チョムスキーは，言語そのものの解明だけでなく，言語産出や言語理解のプロセス解明にも取り組んだ．まず，語彙の知識に加え，統語的知識すなわち文の構造が言語産出・理解の基盤と考え，変形生成文法というモデルを提唱した．変形生成文法は，句構造規則から生成される文がその言語に属する文であり，生成されないものは非文とする文法モデルである．ただし，人間が必ずしもこの文法を使って言葉を発しているというわけではないことに注意する必要がある．句構造規則は，図10.10のように，$a \rightarrow \beta$という形をもつ．これは書き換え規則であり，／a／という文字列を／β／に書き換えることを意味する．この書き換えによって，無数の文を生成できる画期的な言語産出モデルだ．この例では，開始記号Sを右辺にある非終端記号NP+VPに書き換え，これらをさらに非終端記号に書き換えたり，非終端記号を終端記号I，manなどに書き換えたりすることによって，文を生成していく．句構造規則より生成された文は木構造で表現できる（図10.11）．彼は，句構造規則が生成する文の構造を深層構造とし，さらに，受動態変形や否定要素挿入などの変形規則から生成される文を表層構造とした（図10.12）．同じ形をした文でも意味が異なる場合，木構造で表現すれば，図10.13のように，表層構造が同じでも深層構造が異なることを示すことができる．これは構文木とも呼ばれる．しかし，先に触れたように，変形生成文法では，図10.10

のような句構造規則でも，"Ellie listens to the old cake."のように，文法は正しいが意味が正しいとはいえない文も生成してしまう．

文の理解においても，変形生成文法を適用することができる．書き換え規則の右向き矢印を左向きにたどっていき，最終的に記号Sでまとめあげられれば，文を統語的に理解したと解釈することが可能である．

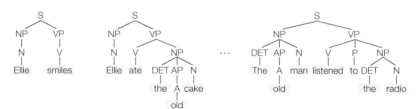

図10.10　句構造規則の例と生成される文例

<句構造規則の例>

S →NP + VP
NP →N
NP →DET + N
NP →DET + AP + N
AP → A
VP →V
VP →V + NP
VP → V + P + NP
N → I, man, Ellie, radio, cake
DET → the, a, an
V → eat, eats, ate, listen, listens, listened, smile, smiles, smiled
A→ old, pretty
P → to

S	: Sentence（文）
N	: Noun（名詞）
NP	: Noun Phrase（名詞句）
V	: Verb（動詞）
VP	: Verb Phrase（動詞句）
P	: Preposition（前置詞）
A	: Adjective（形容詞）
AP	: Adjective Phrase（形容詞句）
DET	: Determiner（限定辞）

<生成される文の例>

Ellie smiles.
Ellie ate the cake.
Ellie ate the pretty cake.
Ellie ate the old cake.
The man smiles.
The man listened to Ellie.
The man listened to the radio.
The old man listened to the radio.
⋮

図10.11　図10.10の句構造規則より生成された文を表現する木構造

（木構造の図）

図10.12　変形生成文法における深層構造と表層構造

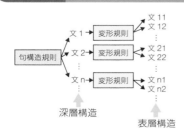

句構造規則 → 文1 → 変形規則 → 文11, 文12
→ 文2 → 変形規則 → 文21, 文22
⋮
→ 文n → 変形規則 → 文n1, 文n2
⋮

深層構造　　表層構造

図10.13　表層構造と深層構造（日本語の場合）

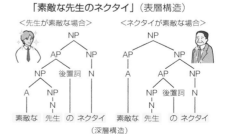

「素敵な先生のネクタイ」（表層構造）

<先生が素敵な場合>　　<ネクタイが素敵な場合>

（深層構造）

素敵な　先生　の　ネクタイ　　素敵な　先生　の　ネクタイ

5 意味論的言語産出・理解モデル

　変形生成文法を中心とした言語理解モデルは統語論的モデルであり，意味論の側面にはあまり焦点をあてていなかった．一方，アメリカの言語学者フィルモアは，意味論という視点から**格文法**を提唱した．格文法は，以下の特徴をもつ．

　（1）動詞を軸に格が意味関係を形成する

　（2）格には，**表層格**と**深層格**がある．表層格は格助詞に代表される格，深層格は動詞に対する各表層格に役割を与えるものであり，動作主格，対象格，場所格，道具格，時間格などがある

　（3）どのような格をとり得るかは動詞に依存する

　（4）格はメンタルレキシコンの中の各動詞について，**格フレーム**として保持されている

　（5）深層格には，**選択制限**という格がとる項目に対する意味的制約がある

　例えば，「食べる」という動詞では，**表10.2**のように，動作主格は人を含む動物や食虫植物，対象格は食物という格関係をもつ．このような動詞に対する格関係の枠組みが格フレームである．この場合の格フレームでは，動作主格が人を含む動物や食虫植物に限られ，一般の植物や無生物は除外される．これが選択制限である．入力された文に対して，動詞に着目し格フレームについて分析できれば，意味処理されたともいえる．**図10.14**は格構造とそこから生成される文の例である．

　日本語や韓国語は，言語類型として**膠着型**に分類されることがある．膠着型言語は，単語に助詞などの付属要素がついて機能し文を構成するため，語順の制約が弱い．このため，語順に関する自由度が大きい格文法が適用されやすい．

　アメリカのAI研究者シャンクは，文を概念レベルで掘り下げ，**図10.15**のような概念の関係表現を提案した．これが**概念依存理論**である．言語種や構造に無関係に一意に曖昧性なく記述されるのが特徴である．→や⟷の記号を用いて概念を関係の構造として表現する．表記方法の例を**表10.3**に示す．例えば図10.15の上段の文は概念依存理論では下段のように表現される．ここで，Pは過去の時制を意味し，未来の場合はFとなる．また，Oは行為と対象の関係，Rは受け手の関係，Dは行為の方向を表す．ACTは**表10.4**に示すような11個の基本動詞から構成される．同理論は，少ないコンポーネントで文の意味を表現できる反面，複雑な文意を表現しようとする

と，かなり複雑な構造になってしまう．

表10.2　格文法における格フレームの例

動詞	表層格	深層格	選択制限
食べる	は，が	動作主格	人を含む動物，食虫植物，…
	を	対象格	食物，…
	に	時間格	
	で，にて	場所格	
	⋮	⋮	⋮
寝る	は，が	動作主格	人を含む動物，…
	に	時間格	
	で，にて	場所格	
	⋮	⋮	⋮

図10.14　格構造と生成される文の例

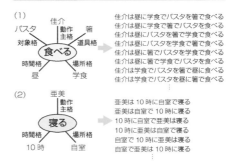

(1) 佳介は昼に学食でパスタを箸で食べる
佳介は昼に学食で箸でパスタを食べる
佳介は昼にパスタを箸で学食で食べる
佳介は昼にパスタを学食で箸で食べる
佳介は昼に箸でパスタを学食で食べる
佳介は昼に箸で学食でパスタを食べる
佳介は学食でパスタを昼に箸で食べる
佳介は学食でパスタを昼に箸で食べる

(2) 亜美は10時に自室で寝る
亜美は自室で10時に寝る
10時に自室で亜美は寝る
10時に亜美は自室で寝る
自室で10時に亜美は寝る
自室で亜美は10時に寝る
⋮

図10.15　概念依存理論による文の表記例

Kelly gave Natalie a ring.

表10.3　表記方法の例

表記	意味
PP ⟺ᴾ ACT	行為と主体の関係
ACT ←ᴼ PP	行為と対象の関係
ACT ←ᴿ PP／PP	モノの所有が渡し手から受け手に移動
ACT ←ᴰ LOC／LOC	ACTが始点から終点に作用
O ←ᴵ⇕	対象に対し道具を使う
⋮	⋮

表10.4　ACTを構成する基本動詞

名称	例	意味
ATRANS	抽象的なオブジェクトの移動	give
PTRANS	オブジェクトの物理的な位置への移動	go
PROPEL	オブジェクトに物理的な力を加える	push
MOVE	生体の一部を動かす	kick
GRASP	動作主がオブジェクトをつかむ	clutch
INGEST	動物がオブジェクトを体内に取り込む	eat
EXPEL	オブジェクトを動物の体内から外界へ排出	cry
MTRANS	情報を伝達	tell
MBUILD	思考により新たな情報を生成	decide
SPEAK	音声を発する	say
ATTEND	刺激に感覚器をフォーカスする	listen

6 チューリングマシンとオートマトン

　言語理解のベースである特定文字列の認識なども含む「計算」を自動的にこなす有用な数理装置モデルに，イギリスの数学者チューリングが考案した**チューリングマシン**がある．これは，1936年に提案されたものだが，現在のコンピュータの基本メカニズムとして位置づけられている．

　チューリングマシンは，**図10.16**のように，セルで区切られ無限の長さをもつテープと，テープに対して1文字を読み書きできるヘッドおよび本体から構成される．本体とヘッドは一体である．ヘッドは1つのステップでテープの1セルのみをスキャンし，以下のルールに従って動作する．

　（1）現在スキャンしているセルの文字を読み込む

　（2）読み込んだ文字と現在の内部状態とから，書き込む文字，テープの移動方向，次の内部状態を決定する

　（3）ヘッドはテープに対し左右1セル分だけ動く

　これらのルールは，(q_i, p_j, p_k, q_m, X) の**5項系列**で表現される．ここで，q_i は内部状態，p_j はテープ上の文字，p_k は書き込む文字，q_m は次の状態，X は移動動作を表す．X は，R（ヘッドを右に1セル移動），L（ヘッドを左に1セル移動），S（移動せずとどまる）の3つの値をとる．チューリングマシンは，適用できる5項系列がなければ動作を停止する．受理状態 q_Z に到達してそこで停止した場合，文字列を受理したという．例えば，/aaabbb/のような文字列 $/a^i b^i/$，$(i \geq 1)$ を受理するチューリングマシンを考えてみる．これは，/a/を見つけるたびに相棒となる/b/の存在を確認すればよいので，**図10.17**のような5項系列を与えれば受理できる．このチューリングマシンの動作時系列を**図10.18**に示す．動作開始時のヘッドの状態は q_0 で，まず読んだセルがブランク ␣ のためルール①が適用され，そのセルにブランク ␣ を書き込みヘッドの状態を q_0 とし，右に動かす．以降，同様にしてルールに従って動作する．一般に，チューリングマシン TM は，

$$TM = (Q, \Sigma, \Gamma, \delta, q_0, ␣, Z)$$

と表現される．ここで，Q：状態の集合，Σ：読み込む文字の集合，Γ：テープに書き込む文字の集合，δ：状態遷移関数，Z：受理状態の集合である．チューリングマシンは上述のような記号列識別のほか，四則演算などもこなすことができる．

　上記チューリングマシンの状態遷移をアークとノードを用いて表現したものが**図10.19**である．このように，入力に対して状態が変化し信号を出力す

る数理装置モデルを**オートマトン**という．特に，状態数が有限個のオートマトンは**有限オートマトン**と呼ばれる．例えば，/ab^{i}a/（i≧1）を受理する有限オートマトンは**図10.20**のようになる．オートマトンにおいて，ある状態とある入力に対し次に遷移すべき状態が一意に決まる場合，これを**決定性オートマトン**という．他方，ある状態とある入力に対し次に遷移すべき状態が複数ある場合を**非決定性オートマトン**という．

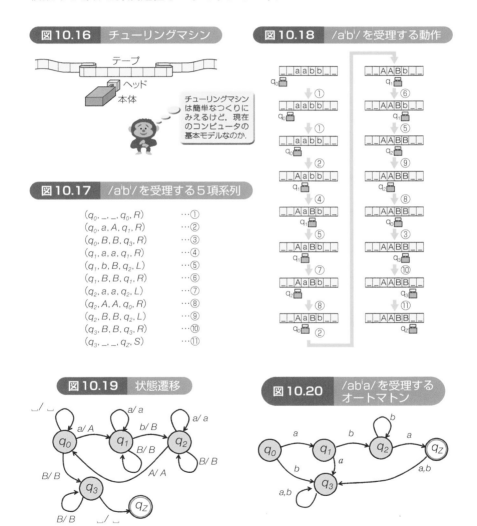

図10.16　チューリングマシン

テープ
ヘッド
本体

チューリングマシンは簡単なつくりにみえるけど，現在のコンピュータの基本モデルなのか．

図10.17　/a^{i}b^i/を受理する5項系列

$(q_0, \_, \_, q_0, R)$　…①
(q_0, a, A, q_1, R)　…②
(q_0, B, B, q_3, R)　…③
(q_1, a, a, q_1, R)　…④
(q_1, b, B, q_2, L)　…⑤
(q_1, B, B, q_1, R)　…⑥
(q_2, a, a, q_2, L)　…⑦
(q_2, A, A, q_0, R)　…⑧
(q_2, B, B, q_2, L)　…⑨
(q_3, B, B, q_3, R)　…⑩
$(q_3, \_, \_, q_Z, S)$　…⑪

図10.18　/a^{i}b^i/を受理する動作

図10.19　状態遷移

図10.20　/ab^{i}a/を受理するオートマトン

7 形式文法

コンピュータ処理を念頭において，言語を文字列や記号列の集合とみなし，閉じた構文規則の組み合わせで生成したり受理したりできるような言語全体を**形式言語**といい，形式言語を生成する規則全体を**形式文法**という．形式文法FGは，

FG = (S, N, T, P)

と表現される．ここで，S：開始記号の集合，N：非終端記号の集合，T：終端記号の集合，P：生成規則の集合である．

形式言語には，0型，1型，2型，3型の4つのクラスがある．**0型言語**は，

$a \rightarrow \beta$ $(a \in V^+$　　$\beta \in V^*)$

の書き換え規則から生成される言語で，a という記号列を β で置き換えていくことによって生成される．ここで，V^+ は任意の長さの記号列の集合，V^* は V^+ に空語 ϕ を加えたものである．0型言語は**句構造言語**とも呼ばれ，チューリングマシンによって受理可能である．

1型言語は，

$a_1 A a_2 \rightarrow a_1 \beta a_2$ $(A \in N$　　$\beta \in V^+)$

の書き換え規則と条件から生成される言語である．つまり，ある文脈のときにのみ記号列を置き換えることができる．そのため，1型言語は**文脈依存言語**とも呼ばれ，**線形拘束オートマトン**で受理される．線形拘束オートマトンは，テープの長さが入力文字列の長さと線形関係にあり無限ではないチューリングマシンである．例えば，/$a^i b^i a^i$/ ($i \geq 1$) は1型言語である．ある言語が1型言語であればその言語は0型言語でもある．

2型言語は，

$A \rightarrow \beta$ $(A \in N$　　$\beta \neq \phi)$

の書き換え規則から生成される言語である．右辺は空語以外のどのような記号であってもよい．そのため，2型言語は**文脈自由言語**とも呼ばれ，**非決定性プッシュダウンオートマトン**で受理される．プッシュダウンオートマトンは，記憶装置を備えたオートマトンで，10.6節の文字列 /$a^i b^i$/ ($i \geq 1$) を受理するためには，aの出現数をカウントして記憶し，その数だけbの出現数をカウントする必要がある．こういった情報をプッシュダウンスタックに格納したり取り出したりして状態間を遷移する．簡単にいえば，aが出現するたびに袋に石を1個ずつ入れ，bが出現するたびにそこから石を1個ずつ取り出し同数か否かを確認する機構である．ある言語が2型言語であればその

言語は1型言語でもある.

3型言語は,

　　　A→aB　または　A→a　　（a∈T　　A, B∈N）

の書き換え規則から生成される言語であり，**正規言語**とも呼ばれる．これは言い換えれば，有限オートマトンで受理される言語といえる．なぜならば，1つの非終端記号に置き換えられて状態を遷移していくか，あるいは1つの終端記号に置き換えられて終了するかであるからだ．例えば，/a^i/（i≧1）は3型言語である．ある言語が3型言語であればその言語は2型言語でもある．

　図10.21に示す形式言語の相互関係からもわかるように，この中では0型言語が最も多くの表現パタンを持つため，これらを受理できるチューリングマシンが最も強力な装置といえる．

図10.21　形式言語の相互関係

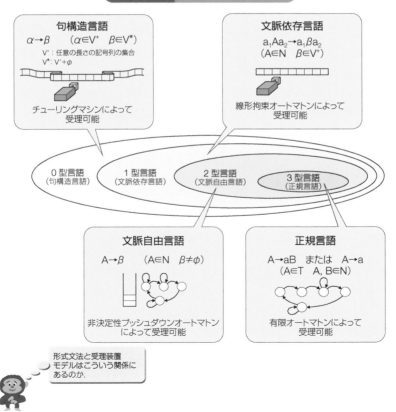

8 コンピュータによる自然言語処理

コンピュータによる自然言語処理の一般的な手順は**図10.22**のような流れであるが，必要な解析結果はアプリケーションの目的により異なる．仮名漢字変換では前後のつながりまで考慮して妥当な漢字仮名混じり文に変換されればいいし，機械翻訳や対話理解では意味まで抽出する必要がある．

形態素は言語的に意味をもつ最小の単位で，いわゆる単語のことである．**形態素解析**は，形態素辞書を用いて入力された文字列を形態素に分割し妥当な形態素列を出力する処理である．例えば，「かれはくつをかう」という仮名文字列を漢字仮名混じり文に変換する場合を考える．

まず，この文字列を形態素辞書を用いて，形態素分割する．その結果，得られた各形態素を，**図10.23**のように，「かれはくつをかう」となるような接続ルートで**単語ラティス**を形成する．次に，このラティスから日本語として妥当な形態素列を選択する．その方法には，大きく，ヒューリスティックな手法と統計的手法とがある．前者には，辞書項目と照合し最も長く文字列が一致するものを選ぶ**最長一致法**や，文中の文節数が最小になるものを選ぶ**文節数最小法**などがある．後者は，形態素のつながりの妥当性を，世の中にあふれる自然言語データの中に存在する確率を測ることによって評価するという考え方だ．最近は，この統計的手法が主流となっている．これは，ラティス上の各形態素同士の接続の出現確率を新聞記事など大量の既存テキストデータベースから抽出し，アーク上に記す．ここでは，2つの形態素の連接（2-gram）で説明する．図中には記していないが，それぞれの連結線は連接した形態素の出現確率を有している．一般にn個の連接頻度を**n-gram**という．nの値は大きいほど言語としての妥当性は高くなるが，テキストデータベース中に存在する数は減少する．続いて，ラティスにおける文頭から文尾までのすべての形態素列について2-gram出現の同時確率を求め，その値が最大のパス（同図の例では赤線）を最適形態素列とする．実際の計算では，ラティス内の形態素列の数が膨大になるため，動的計画法などで計算量を削減しながら，最適解を求める．動的計画法については，ここでは詳細を説明しないが，最適化問題を複数の部分最適化問題に分割して解く手法である．

構文解析では，形態素同士の文法的接続の妥当性を評価する．その方法には句構造規則による構文木（10.4節参照）を用いて文の構造を調べる**係り受け解析**などがある．例えば，**図10.24**（1）の形態素列が得られたとし，同図（2）のような句構造規則が与えられているとする．この形態素列に対

し，順次，同図（2）の中の規則を逆適用していく．まず，「彼（N）」は
NP→Nの右辺に合致するため，左辺に置き換えNPとなり，「は（P）」との
結合で，NP→NP＋Pの右辺に合致するため，左辺に置き換え，NPとな
る．また，「靴（N）」は同様にしてNPに置き換えられる．このような逆適
用を繰り返し，最終的にSに置き換えられれば，構文解析は成功したことに
なる．このプロセスは同図（3）のような構文木で表現できる．

意味解析では，構文解析の結果，文法上では正しいと評価された構文を意
味のうえから正しいか否かを評価する．その手法には，意味ネットワーク
（6.2節参照）を用いる方法や格文法（10.5節参照）による方法などがある．

　上記n-gramによる形態素解析において，nを増やせば，既存の言い回し
に応じた構文解析や意味解析まで包含することに容易に気付くであろう．昨
今は，機械翻訳を中心として機械学習（15.8節参照）を用いた自然言語処理
が広がってきている．

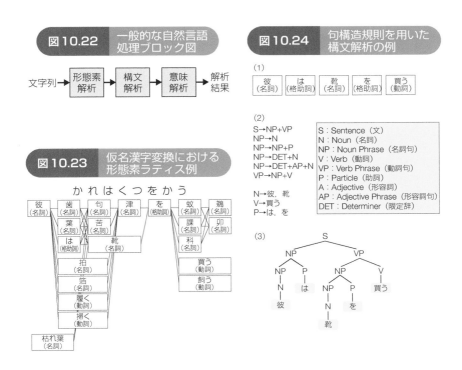

| 図10.22 | 一般的な自然言語処理ブロック図 |

| 図10.23 | 仮名漢字変換における形態素ラティス例 |

| 図10.24 | 句構造規則を用いた構文解析の例 |

〈参考文献〉

● Bourdages, J. (1991). A New Perspective for Second Language Acquisition: Parsing. *Revue québécoise de linguistique*, *21*(1), 79-95.

● Cutler, A. (1983). Lexical complexity and sentence processing. *G.B. Flores d'Arcais; R.J. Jarvella* (eds.), *The Process of Language Understanding*, 43-79

● Fromkin, V. A. (1987). The lexicon: Evidence from acquired dyslexia. *Language*, 1-22.

● Marslen-Wilson, W. D. (1984). Function and process in spoken word recognition: A tutorial review. In *Attention and performance: Control of language processes* (pp. 125-150). Erlbaum.

● Marslen-Wilson, W. D. (1987). Functional parallelism in spoken word-recognition. *Cognition*, *25*(1-2), 71-102.

● McClelland, J. L., & Rumelhart, D. E. (1981). An interactive activation model of context effects in letter perception: I. An account of basic findings. *Psychological review*, *88*(5), 375.

● Morton, J. (1980). The logogen model and orthographic structure. *Cognitive processes in spelling*.

● Reicher, G. M. (1969). Perceptual recognition as a function of meaningfulness of stimulus material. *Journal of experimental psychology*, *81*(2), 275.

● Winograd, T. (1983). Language as a cognitive process: Volume 1: Syntax.

● 阿部純一，桃内佳雄，金子康朗，李光五（1994）．人間の言語情報処理：言語理解の認知科学　サイエンス社

● 天野成昭（1999）．音声単語認知モデルの動向　心理学研究，Vol. 70, No. 3

● 郡司隆男（1987）．自然言語の文法理論　産業図書

● 郡司隆男（1994）．生成文法と伝統文法　国語学，178集

● 国立国語醗究所（1997）．日本語における表層格と深層格の対応関係　国立国語研究所報告，113

● K. T. スペアー，S. W. レムクール（著），苧阪直行（訳）（1986）．視覚の情報処理―〈見ること〉のソフトウエア　サイエンス社

● 田中春美（1978）．言語学のすすめ　大修館書店

● 田中穂積（1999）．自然言語処理　電子情報通信学会

● 長尾真（1983）．言語工学　昭晃堂

● 中島平三，外池滋生（1994）．言語学への招待　大修館書店

● 箱田裕司，都築誉史（2010）．認知心理学（New Liberal Arts Selection）　有斐閣

● 海保博之（監修），針生悦子（編）（2006）．言語心理学　心的辞書

● 守一雄（2010）．認知心理学　岩波書店

第 **11** 章

情　動

第1章でも紹介したように，認知科学創始者のひとりであるガードナーは，感情・情動を認知科学のスコープから外すと述べている．それゆえに情動は，主観的な部分が大きいとして認知科学に取り上げられない場合も多い．しかしながら，情動は私たちを行動に駆り立てる原動力であったり，物事の認知や反応に大きな影響を与えたりするなど，重要な心的活動の1つである．本章では，情動の生起および認知メカニズムのモデルや，情動によって引き起こされる身体的変化をみていく．

1 情動と認知

　怒りや悲しみなどの情動は，私たちにとってどのような意味をもつものなのだろう？　情動に関する主な理論には，図11.1のようなものがある．行動主義が全盛だったころには，情動はあくまでも内的な作用であるとして重要視せず，むしろ私たちの思考や行動を妨害するという情動有害説を唱える学者もいた．やがて行動主義が衰退し認知科学が興ってきたころ，アメリカの心理学者アーノルドらは，強い感情を引き起こす画像を意識できない程度の短時間提示すると末梢系が反応することを実験で確かめ，外界刺激が自己にとって有益か否かの評価が無意識に行われ，その結果として情動が生ずるという**感情認知説**を提唱した．また日本の認知心理学者戸田は，感情システムを，動物が進化の過程で獲得した生存のための有益なソフトウェアとする**感情アージ論**を唱えた．アメリカの心理学者エクマンも，刺激に対して情動が即応的に働くという**情動進化論**の立場をとる．このように，情動は人間をはじめ生物が生得的にもつ外界刺激への反応様式であるという考え方が広がってきているが，一方で，情動を社会生活の中において価値観を表現したり行動を制御したりする機能だとする**情動社会構成論**もある．

　どのようにして情動が生じるのかに関しては，いくつかの説がある．まず，「悲しいから泣くのではなく，泣くから悲しいのだ」という言葉で知られる**ジェームズ・ランゲ説**がある．これは，図11.2のように，刺激の入力により末梢系が変化し生理的変化が起こることにより，大脳皮質での情動を引き起こすとするもので，いわば**末梢起源説**である．これについては，末梢系と脳をつなぐルートを遮断しても感情をみせる動物の例などの反証がある．一方，図11.3のように，刺激の入力が視床を興奮させ，ここを中枢として末梢系を興奮させて生理的変化を引き起こし，同時に大脳皮質での情動につながるとする考え方が**キャノン・バード説**だ．つまり，視床で感情を認知しその後に生理的変化が起こるというわけである．同説は**中枢起源説**である．これらに対し，アメリカの社会心理学者シャクターとシンジンガーは，図11.4のように，生理的変化とその変化の原因の認知の両方が情動につながるとする**情動の二要因説**を提唱し，生理的覚醒条件を設けた実験で確かめた．

　その後の多くの脳科学研究により，情動には大脳辺縁系，中でも扁桃体が刺激に対する状況認知の重要な役割を果たし，視床下部や脳幹を通じて身体的変化を起こすことがわかってきた（15.5節参照）．

図11.1　情動に関する理論

＜感情認知説＞
外界刺激に対する
有益性評価の結果
として情動が生ずる

＜感情アージ論＞
感情システムは，動物が
進化の過程で獲得した生
存のためのソフトウェア

＜情動社会構成論＞
情動は，社会生活の中で
価値観を表現したり行動
を制御したりする機能

図11.2　ジェームズ・ランゲ説

生理的変化が起こることにより，大脳皮質で情動を引き起こす

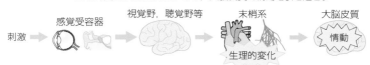

刺激　　感覚受容器　　視覚野，聴覚野等　　末梢系　　大脳皮質
生理的変化　　情動

図11.3　キャノン・バード説

視床が中枢となって，末梢系で生理的変化を引き起こし，
同時に大脳皮質での情動につながる

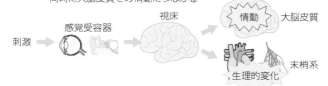

刺激　　感覚受容器　　視床　　情動　大脳皮質
末梢系
生理的変化

図11.4　情動の二要因説

生理的変化とその変化原因の認知の両方が情動につながる

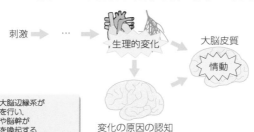

刺激　　…　　生理的変化　　大脳皮質
情動
変化の原因の認知

結局は，大脳辺縁系が
状況認知を行い，
視床下部や脳幹が
身体反応を喚起する
というメカニズムが有力なのか.

2 情動による身体的変化と測定指標

　前節で述べたように，扁桃体が司令塔になって刺激に対する情動反応としての身体的変化を引き起こすと考えられている．情動による身体的変化には，不随意の反応と随意の反応とがある．前者には，血圧上昇や発汗など自分の意思と無関係に働いている自律神経系の反応や表情変化，声が震えたりする声質変化などがある．後者には，手をあげるなどの身体動作や，声を大きくしたり高くしたりする韻律変化などがある．ここでは，主に，不随意の反応について考える．

　日本の認知心理学者の大平らは，感情を喚起する写真をみた実験協力者の脳活動計測を行い，扁桃体の活動と，皮膚電動反応および副腎皮質刺激ホルモン濃度との間に相関があることを見出した．副腎皮質刺激ホルモンは，強いストレスを感じたときに分泌される体内物質である．

　私たちが注意を向ける視覚空間を有効視野というが，不快な感情を引き起こす写真が有効視野を収縮させるという実験結果がある．日本の心理学者の野畑らは，図11.5のように，快，不快，中立の感情を引き起こす写真を実験協力者に提示し，その直後に写真と同じサイズの長方形のいずれかの四隅に数字を，また中央にアルファベット「R」もしくは「L」を記載したシートを短時間（500ミリ秒，3000ミリ秒）提示した．実験協力者はその直後に，「R」もしくは「L」のどちらであったか，数字は何であったかを回答することが求められた．その結果，図11.6のように，快を引き起こす写真や感情を特に引き起こさない中立の写真の場合よりも，不快を引き起こす写真提示の方が数字同定率が低く，特に500ミリ秒後の場合大きく低下することがわかった．不快感情を引き起こす部分を中心にした注意の集中が有効視野収縮につながると考えられている．

　前節でも触れたエクマンらは，情動進化論の立場から各情動に対応する特定の顔の表情パタンがあると考え，顔写真を用いた判定実験により，怒り，恐れ，嫌悪，驚き，悲しみ，幸福の6種類の基本情動とその表情を示した．その後，これらの基本情動とその表情が広く情動の指標として使用されるようになった．しかしながら，この指標については主観性を排除できないという批判もあり，やがて顔面筋電図と呼ばれる客観的指標が登場した．それでも，情動との対応は正確かという疑問は消えず，その他の身体指標と情動の研究がなされてきた．アメリカの心理学者であり神経科学者でもあるバレットは心拍数や血圧が情動測定の指標になり得ると考え，さらにエクマンら

は，心拍数に加え，体温，発汗に焦点をあて，基本情動の表情をするように指示された実験協力者のこれらの生理的指標の変化を測定した．**図11.7**（1）（2）は，それぞれ，心拍数と体温の感情別の測定結果である．その結果から，**図11.8**のようなデシジョンツリーによって感情の3つのサブグループを識別できるとしている．

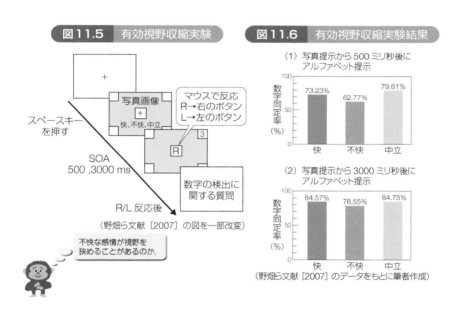

図11.5 有効視野収縮実験

写真画像
＋
快、不快、中立

スペースキー
を押す

マウスで反応
R→右のボタン
L→左のボタン

SOA
500 ,3000 ms

R/L 反応後

数字の検出に
関する質問

（野畑ら文献［2007］の図を一部改変）

不快な感情が視野を
狭めることがあるのか．

図11.6 有効視野収縮実験結果

（1）写真提示から500ミリ秒後に
アルファベット提示

数字同定率（%）

快 73.23%　不快 62.77%　中立 79.61%

（2）写真提示から3000ミリ秒後に
アルファベット提示

数字同定率（%）

快 84.57%　不快 78.55%　中立 84.75%

（野畑ら文献［2007］のデータをもとに筆者作成）

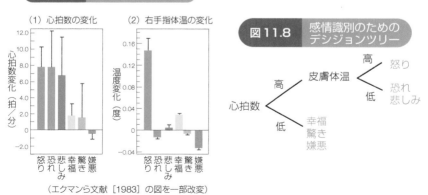

図11.7 情動と生理的変化

（1）心拍数の変化

心拍数変化（拍／分）

怒り　恐れ　悲しみ　幸福　驚き　嫌悪

（2）右手指体温の変化

温度変化（度）

怒り　恐れ　悲しみ　幸福　驚き　嫌悪

（エクマンら文献［1983］の図を一部改変）

図11.8 感情識別のための
デシジョンツリー

心拍数
高 → 皮膚体温
　　高 → 怒り
　　低 → 恐れ 悲しみ
低 → 幸福 驚き 嫌悪

3 情動のモデル

　前章まで，感覚受容器から入力された情報に対し，記憶領域に保存されている情報も用いて認知・判断処理し，行動というかたちで出力するという情報処理モデルを仮定して，私たち人間の認知プロセスを説明してきたが，この認知・判断処理に情動という心的活動が関与していることはいうまでもない．では，情動をどのようにして情報処理モデルに取り入れることができるだろうか？　アメリカの認知心理学者バウワーは，知識ネットワークの中に感情のノードも存在すると考えた（図11.9）．この感情ネットワークモデルでは，感情ノードに関連するできごとなどのリンクが貼られている．ある嬉しいできごとが生起すると，1のアークにより喜びの感情ノードが活性化され，さらに，喜びの感情ノードを介して2や3のアークのようにさまざまな知識にまで活性化が拡散していく．しかし，喜びの感情ノードは感情価（どの程度快に感じるか，あるいは不快に感じるかという度合いを表す量）が逆方向の感情ノードを抑制する作用をもつことがこのモデルの特徴だ．図中，点線で表されているアークは抑制を表現している．したがって，この例では，3のアークは弱くなる．この感情ネットワークモデルを用いると，現在の感情と一致した感情をもつ保存情報の検索が容易になる感情一致効果を説明しやすくなる．すなわち，喜びから嬉しいできごとのリンクが貼られているように，現在の感情のノードが活性化すれば，アークのつながったその感情のできごとが活性化し，感情価が逆である感情のノードを抑制するのである．バウワーは，実験協力者を「嬉しい」もしくは「悲しい」気分に誘導した後，子供時代の事件を思い出して書くよう指示し，翌日，それらを，快，不快に分類させる実験を行った．その結果は図11.10のように，嬉しい気分の実験協力者は不快よりも快の思い出を多く検索するというものであった．また，符号化（記憶）する際の感情と検索（再生）する際の感情が一致していると検索が容易になる現象を感情状態依存効果と呼ぶ．これは，ある感情を経験したときに，符号化（記憶）した情報へその感情からノードがつながるとすると，その感情が活性化した状態をつくれば符号化（記憶）している情報の検索が容易になると説明できる．

　一方で，ネガティブ感情では感情一致効果が必ずしも現れないとか，自分に関連する情報処理の際に現れやすいなど，感情ネットワークモデルでは説明がつかない場合もあることが指摘された．これらに対し，オーストラリアの社会心理学者フォーガスは，感情混入モデルを提案した．同モデルは，図

11.11のように，情報を処理する際に対象や状況の特性から決まる判断特性に応じて4つのタイプの戦略がとられるとする．直接アクセス戦略は，過去の経験により直接判断する最も単純な戦略である．動機充足戦略は，特定の明確な目標や動機がある場合に，その充足を優先すべく処理する戦略である．これら2つは，感情の混入をほとんど必要としない．他方，ヒューリスティクス戦略は，目標が単純だったり典型的だったりした場合に簡便で限られた情報を用いる戦略であり，感情が混入しやすい．最後の実質的戦略は，目標が複雑であるとき，新しい情報を導入し感情の影響も交えて広範囲に既存の情報を分析する．これらの2つは，感情が多く混入する戦略といえる．

図11.9 感情ネットワークモデルの一部

図11.10 子供時代のできごとの検索数

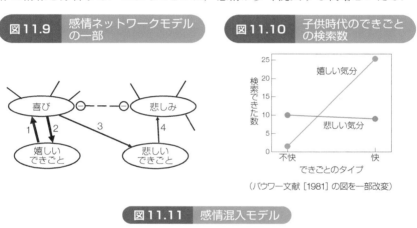

（バウワー文献［1981］の図を一部改変）

図11.11 感情混入モデル

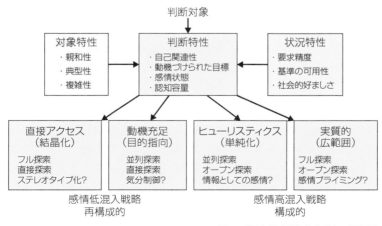

（フォーガス文献［1995］の図を一部改変）

4 表情の認知

　顔の表情・感情認識については，**表情認知カテゴリー説**や**表情認知次元説**がある．表情認知カテゴリー説は，エクマンの6つの基本表情パタンに代表されるような，基本感情というものが存在するとし，それらが互いに差異をもつように進化してきたとする考え方で，人種によらず普遍的なものだとする．同説によれば，**図11.12**のように，人間は，基本感情に対応する表情カテゴリーを常にもっており，それらの中から相手の表情がどれに相当するかを検索し判断する．このカテゴリー説に対しては，①部族によってこれら6感情に対応する単語をもたない例がある，②これら6つの基本表情は自然発生的なものではなく演劇などにおいてせりふなしで表現する特殊な場面でのものであるなどの批判がある．表情認知次元説は，表情には基本カテゴリーというものが存在するのではなく，いくつかの特徴軸で張られる空間上に連続的に位置するものだという考え方である．カナダの心理学者ラッセルらは，**図11.13**のように，「快―不快」「覚醒―沈静」の2軸で張られる空間に表情を位置づけている．これらは，相手の心理状態をモニタする際に，どのくらい幸福か，どのくらい興奮しているかの程度で判断するという観点からの軸であるという．この2軸で形成される4つの象限は，興奮，ストレス，憂鬱，リラックスであり，さまざまな表情はこの中に連続的に位置づけられるとしている．

　1990年に入ったころから，顔の表情分析や認識，合成研究には，コンピュータを用いたアプローチや，MEGやfMRIを用いた脳神経活動計測アプローチ（15.7節参照）が盛んになってきた．コンピュータによる研究では，3次元コンピュータグラフィクスを用いて表情モデルを構築したり，**モーフィング**技術を用いて表情顔を合成・分析したり，ディープラーニングなど機械学習（15.8節参照）により表情顔を学習し識別する試みなどがある．モーフィング技術は，ある顔画像から別の顔画像に連続的になめらかに変形させていく技術だ．このとき，単に画素の値を線形補間するのみでは画像がぼけるだけなので，対応点を見つけ，位置を補間移動したり補間変形させていったりすることもあわせて行う．多数の表情顔画像データをモーフィングによって変形して中間顔を作り続けていくと，表情ニュートラルな顔画像になる．このニュートラル画像と各種表情画像の差異をみることによって，各表情を認知させる特徴量を特定することが可能になる．

　表情認知には動的要因も寄与する．日本の認知科学者の蒲池らは，真顔か

ら各感情の表情に変化するモーフィング映像を用いて，変化速度を3段階に
変え，実験協力者に表情を答えさせた．その結果，図11.14のように，低速
になるほど悲しみの正答率が向上する一方で，幸福や驚きの正答率は低下す
るなど，速度によって正答率が変わることを確認した．この実験結果は，筆
者らが1992年に計測した感情音声の継続時間にも通じるものがあり興味深い．

　顔の表情には目が重要な役割を果たすといわれるが，本当だろうか？　図
11.15（1）〜（4）に描かれた各顔における目は，それぞれ喜び，怒り，悲し
み，驚きの表情をもっているように見えるが，眉と口を除去すれば実際には
すべて同じ目である．このように，眉や口が目の表情を醸し出しており，顔
の表情を主に規定するのは目よりも眉や口である可能性が高いことがわかる．

図11.12　表情認知カテゴリー説

もっている表情のカテゴリー
の中から相手の表情がどれに
相当するかを検索し判断する

図11.13　表情認知次元説

「快−不快」「覚醒−沈静」
の2軸による空間のどこに
相手の表情が位置づけられ
るかを判断する

図11.14　表情変化速度と正答率

正答率（%）

◆ 驚き
● 幸福
△ 怒り
□ 悲しみ

高速　中速　低速
速度条件
（蒲池ら文献［2001］の図を一部改変）

悲しみでは，表情変化も
話速もゆっくりなのか．

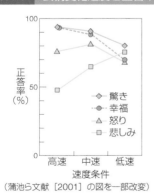

図11.15　顔の表情における眉と口の重要性

(1)

(2)

(3)

(4)
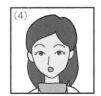

〈参考文献〉

● Arnold, M. B., & Gasson, J. A. (1954). Feelings and emotions as dynamic factors in personality integration. *The human person*, 294-313.

● Bower, G. H. (1981). Mood and memory. *American psychologist*, *36*(2), 129.

● Ekman, P., Levenson, R. W., & Friesen, W. V. (1983). Autonomic nervous system activity distinguishes among emotions. *science*, *221*(4616), 1208-1210.

● Forgas, J. P. (1995). Mood and judgment: the affect infusion model (AIM). *Psychological bulletin*, *117*(1), 39.

● Kamachi, M., Bruce, V., Mukaida, S., Gyoba, J., Yoshikawa, S., & Akamatsu, S. (2013). Dynamic properties influence the perception of facial expressions. *Perception*, *42*(11), 1266-1278.

● Kitahara, Y., & Tohkura, Y. (1992). Prosodic control to express emotions for man-machine speech interaction. *IEICE Transactions on Fundamentals of Electronics, communications and computer sciences*, *75*(2), 155-163.

● Nobata, T., Hakoda, Y., & Ninose, Y. (2010). The functional field of view becomes narrower while viewing negative emotional stimuli. *Cognition and Emotion*, *24*(5), 886-891.

● Ohira, H., Nomura, M., Ichikawa, N., Isowa, T., Iidaka, T., Sato, A., Fukuyama, S., Nakajima, T., & Yamada, J. (2006). Association of neural and physiological responses during voluntary emotion suppression. *Neuroimage*, *29*(3), 721-733.

● Russell, J. A., & Lemay, G. (2000). 表情表出の次元的-文脈的観点 心理学評論, 43

● 遠藤光男 (1993). 顔と心—顔の心理学入門— サイエンス社

● 大平英樹 (2010). 感情心理学・入門 有斐閣アルマ

● 加藤正明, 笠原嘉, 小此木啓吾, 保崎秀夫, 宮本忠雄 (編) (1993). 新版精神医学事典 弘文社

● 北岡明佳 (2010). 錯視入門 朝倉書店

● 北岡明佳 (2011). 知覚心理学 ミネルヴァ書房

● 北原義典 (2009). 謎解き・人間行動の不思議 講談社

● 小林敏和 (2004). 形状とテクスチャの特徴空間における線形判別関数を用いた顔イメージの生成 日本顔学会誌, 4(1)

● 竹原卓真, 野村理朗 (2004). 『顔』研究の最前線 北大路書房

● 筒井美加 (1997). 自己関連語における気分一致効果 心理学研究, Vol.68, No.1

● 戸田正直 (2006). 感情システムと認知システム：アージ理論の立場から 認知心理学研究, Vol.3, No.2

● 野畑友恵, 箱田裕司, 二瀬由理 (2007). 感情喚起による有効視野の縮小 情報処理学会研究報告, 87

● 堀哲郎 (1991). 脳と情動—感情のメカニズム 共立出版

● 八木昭宏 (1991). 感覚と感情の測定 繊維製品消費科学, Vol.32, No.4

● 山口真美, 柿木隆介 (2013). 顔を科学する 東京大学出版会

● 山口真美 (2004). 顔パターン認識の特殊性とその成立過程 映像情報メディア学会誌, Vol58, No12

● リサ・フェルドマン・バレット (著), 高橋洋 (訳) (2019). 情動はこうしてつくられる——脳の隠れた働きと構成主義的情動理論 紀伊國屋書店

第 **12** 章

社会的認知

ここまでの章では，主に対象物に対する私たちの心的活動プロセスについてみてきたが，当然ながら，対象物が人間である場合も考えられる．ただ，人間の場合，対象物も心的活動を行っているため，対象が物体の場合の認知とは異なる．私たちは，他者を，顔や態度，生活環境などのさまざまな情報から認知し，自己の態度を固める．さらにそこに第三者が入ると，そちらとの関係でも態度が変わる．また，集団の中に置かれた場合は，別の力学が働く．本章では，このような他者に対する認知をテーマに議論する．

第12章 1 対人認知

　ここまで，主に対物認知プロセスやメカニズムについて見てきたが，本章では他者との関係における認知について考える．私たちは，初対面の人に対しても，見た目や話し方，職業などさまざまな情報からおおよその人物像がつかめる．会ったことのない人に対してですら，写真や伝聞情報で人物像をある程度描くことができる．このような人物像の構築を印象形成と呼ぶ．

　印象形成のプロセスについて，アメリカの社会心理学者アンダーソンは複数の性格表現語に対する好ましさの加重平均モデルを提案した．その後，同じくアメリカの社会心理学者カールストンは，印象形成には性格だけではなく，外見や行為，感情反応なども考慮に入れるべきだと，連合モデルを提案した．同モデルでは，図12.1のように，視覚システム，言語システム，行為システム，感情システムの4つの基本処理システムが印象を形成するとされた．横軸は，具体的な方向であるか抽象的な方向であるかを示す．また，縦軸は，公的自己の方向であるか私的自己の方向であるかを示す．公的自己とは他者から見える自分，私的自己とは他者から見えない自分である．視覚システムは視覚的外見，言語システムはパーソナリティ特性，行為システムは行動反応，感情システムは感情反応についての情報をそれぞれ処理する．さらに，これら複数でのシステムが関与することもある．例えば，視覚的外見に加えて対話を通じた言語システムの関与によってさまざまな印象を推測し印象形成を促す．すなわち，視覚システムが初期的な具体的印象を形成した後，相互作用により言語システムが関与し，右方向への抽象的印象，下方向への私的自己印象を形成していく．アメリカの社会心理学者フィスクらは，印象形成には時間軸で見たプロセスで考える必要があるとし，連続体モデルを提唱した．これは，図12.2のように，まず相手を人種，年齢，容姿，雰囲気などでカテゴリー化し，それに対し自分が関心を抱くか否かを判断する．もし関心があれば特徴や情報によりそのカテゴリー化を確証する．確証が成功すれば，そのカテゴリーに基づいて感情や認知の判断を行う．成功しなければカテゴリー化をやり直し，別のカテゴリーにて確証を行う．それでも一致しなければ，断片情報に基づいた感情や認知の判断を行う．このように，最初にカテゴリー化を行い，その後にそのカテゴリー特性にあてはまるか否かを検証していくというプロセスをたどるというわけである．

　私たちは，それぞれパーソナルスペース（対人距離）をもっている．これは，目に見えない自分の領域である．アメリカの文化人類学者ホールは，こ

の対人距離は，相手との関係に応じて**図12.3**のように変わってくるとしている．また，日本のパフォーマンス学者佐藤綾子は，日本人のパーソナルスペースについて，約7年間にわたり男女約900名を対象に実験を行った．図12.3に示したように，対人距離には性差や年齢差もあり，アメリカ人では日本人よりも短い傾向にある．しかし，社会的，公式的距離はアメリカの人の方が長い．2020年のCOVID-19パンデミックの際に呼びかけられた**ソーシャルディスタンシング**は，これらのうちの社会的距離の動名詞形である．対人距離は，完全な円形ではなく，前側が大きく，左右側面，背面の順に小さくなっていく卵型の領域を形成する．なお，人間ではなく，対ロボットの場合，対人距離は卵型ではなく円形に近い形状をなすという研究報告もある．

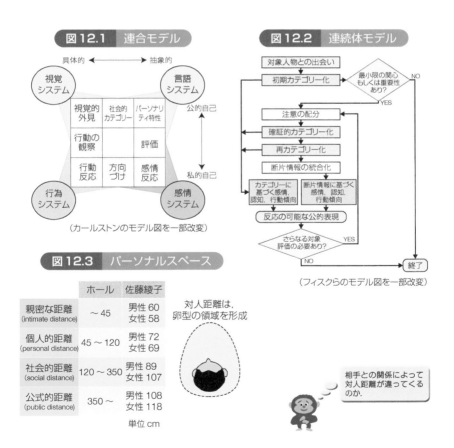

図12.1 連合モデル

具体的 ←→ 抽象的

視覚システム / 言語システム / 行為システム / 感情システム

視覚的外見	社会的カテゴリー	パーソナリティ特性
行動の観察		評価
行動反応	方向づけ	感情反応

公的自己 / 私的自己

（カールストンのモデル図を一部改変）

図12.2 連続体モデル

対象人物との出会い
初期カテゴリー化
最小限の関心もしくは重要性あり？ NO / YES
注意の配分
確証的カテゴリー化
再カテゴリー化
断片情報の統合化
カテゴリーに基づく感情，認知，行動傾向 / 断片情報に基づく感情，認知，行動傾向
反応の可能な公的表現
さらなる対象評価の必要あり？ YES
NO / 終了

（フィスクらのモデル図を一部改変）

図12.3 パーソナルスペース

	ホール	佐藤綾子
親密な距離 (intimate distance)	〜45	男性60 女性58
個人的距離 (personal distance)	45〜120	男性72 女性69
社会的距離 (social distance)	120〜350	男性89 女性107
公式的距離 (public distance)	350〜	男性108 女性118

単位 cm

対人距離は，卵型の領域を形成

相手との関係によって対人距離が違ってくるのか．

2 顔の記憶と認知

　家族，親兄弟，友人，近隣住人のみならず，同級生や先生，同僚，上司，部下など過去からの接点のある人々，政治家，芸能人，学者，作家など，私たちは，多くの人の顔を記憶している．さらに，それぞれの人のさまざまな角度からの顔，また，いろいろな表情まで記憶している．こういった顔の識別は，顔を単に2次元画像としてとらえるだけでなく顔特有のさまざまな要因で行われるとされ，**顔空間モデル**と呼ばれる多次元心理空間に顔を位置づけたモデルに基づき記憶されていると考える研究者も多い．これら顔情報の記憶には，極めて多くの記憶容量が使われていると考えざるを得ない．日本の認知心理学者の吉川らは，顔の記憶表象に関して，画像記憶，構造的特徴記憶，視覚・意味の連合の，3つの影響要因があるという．画像記憶要因は，顔の向き，パーツの動き，しわの動きなど視覚的変化に影響する要因，構造的特徴記憶要因は，パーツの位置関係など視覚的変化に影響しない要因，視覚・意味の連合要因は，視覚表象と名前や性格などの意味とが連合して再認率に影響する要因としている．

　人間の顔の認知には，顔であるという認知，誰の顔であるかという識別，顔の表情・感情の認知がある．いずれにしても，顔の認知には他の物体の認知とは異なる特有の着眼要素があるが，これは，単に目や口などのパーツの個別特徴ではなく，**全体処理の方略**，すなわち，パーツ同士の配置に重きをおいた処理であると日本の心理学者の山口はいう．全体処理は，**図12.4**のように，1次処理と2次処理に分かれ，1次処理は各パーツがそれぞれ正しい位置にあるかの確認を中心とした顔であることの認知，2次処理は個々のパーツ配置の微妙な違いを中心とした個人性の認識であるとしている．

　図12.5はイギリスの心理学者ブルースらの**顔認識モデル**である．同モデルは，顔認識，人物同定，表情分析などのプロセスが独立ユニットとして描かれ，入力された顔パタンと顔認識ユニットに記憶しているさまざまな顔パタンとの照合を行う．まず，視覚系を経て入力された顔に対して，構造的符号化では2段階の特徴抽出を行う．1段階目は視点中心の分析であり，結果は表情分析と音声分析にも使われる．2段階目は表情とは独立した分析であり，向きに応じた視覚処理に使われる．顔認識ユニットは，格納している既知の顔の構造的コードと，入力された顔の符号化された構造的コードとの類似度によって，入力された顔が特別な人なのか，最近会った人なのかなどの識別を行う．

イギリスの心理学者エリスは，**図12.6**に示す顔認識モデルを提案した．同モデルでは，まず最初の符号化処理で顔か非顔かを判定し，顔であると判断すれば身体分析を行い，記憶パタンと照合しつつ顔登録していく．

その後，3次元計測から得られた物理的特徴からの少数のパラメータと，顔の感性計測から得られた印象の心理量との関係を定式化するモデル化の試みも始まっている．

図12.4　顔認知の2段階説

（1）1次処理
各パーツの位置の正しさの確認中心

（2）2次処理
個々のパーツ配置の微妙な違いによる個人性の認識

顔の記憶といっても，正面からの画像だけでなく，さまざまな角度からの画像や表情なども記憶しているのか．

図12.5　ブルースらの顔認識モデル

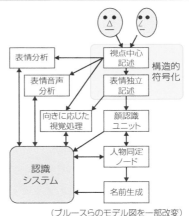

（ブルースらのモデル図を一部改変）

図12.6　エリスの顔認識モデル

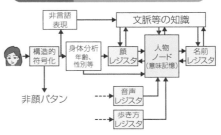

（エリスのモデル図を一部改変）

3 社会的推論

　社会的状況における人間の推論を社会的推論という．社会的推論に影響を与える要因には，ステレオタイプ，確証バイアスなどがある．ステレオタイプは，例えば，「静岡県人はメリハリに欠ける」「子どもは純粋である」「血液型Bの人は個性的で型にはまりにくい」など，あるカテゴリーに対する固定的なイメージをいう（図12.7）．ステレオタイプは，認知をゆがめたりするなど，人の印象形成に少なからぬ影響を及ぼす．アメリカの心理学者ダーリーらは，実験協力者が，「小学校4年の女児が高い社会経済バックグラウンドにある」というビデオを提示された後の方が，「低い社会経済バックグラウンドにある」というビデオを提示された後よりも，ある女児が学力試験を受けるシーンを見た場合にその学力を高いと評価したことを実験で確認した．つまり，同じ行動であってもステレオタイプに基づいた判断を下す傾向にあるというわけだ．

　ステレオタイプはどのようにして形成されるのだろう？　認知心理学者箱田らはそのプロセスとして，以下の項目をあげている（図12.8）．

　（1）カテゴリー化の効果：集団内の特徴の違いに基づきカテゴリー化を行う．その際，同一カテゴリーに属する要素同士の類似性を過大視する同化効果，および，異なるカテゴリーに属する要素同士の差異をエンハンスする対比効果がステレオタイプ化を促す．

　（2）内集団と外集団の差別化：自分の所属する内集団を，そうでない外集団よりも高く評価したり，好ましさを増大させたりする内集団バイアスがステレオタイプ化を助長する．

　（3）錯誤相関：特に相関がない2つの現象に相関がある，あるいは，実際の相関以上に強い相関があると思い込む．例えば，特定の小集団がある特異行動をとったとき，その集団と行動に強い相関があると思い込んでしまう．頻度が少ないために記憶に残りやすく，相関がエンハンスされるという説がある．

　ステレオタイプは，一般的に偏見につながるようなネガティブなニュアンスを伴うことも多い．そのため，ステレオタイプの抑制論も登場した．アメリカの社会心理学者ディヴァインによる分離モデルもその1つだ．同モデルは，ステレオタイプ知識とその社会的妥当性に対する個人的信念は分けるべきだという考え方である．同モデルでは，抑制が働くまでに2段階あるとする．第1段階では，偏見が強い人も強くない人も同程度にステレオタイプが

自動的に活性化される．偏見が強くない人の場合，ここでステレオタイプに
抑制が必要だと提案をし，次の段階で，自動的に起動したステレオタイプを
妨げ，平等性とステレオタイプの否定が取って代わるとしている．

　また，私たちは期待をもつ仮説について，都合のいいデータを集め，その
反例を見出すよりも確証をさらに上げようとしがちである．これが確証バイ
アスだ（**図12.9**）．例えば，「鏡が割れると不幸が訪れる」という噂を聞く
と，そういえば鏡が割れた日にこんなよくないことがあったという話がたく
さん出てくるが，鏡が割れたにもかかわらずこんないいことがあったという
話は出てきにくい．7.4節のウェイソンの選択課題も，ルールに沿う方向の
一種の確証バイアスから，「U」と「6」を選択しがちであるとウェイソンは
いう．確証バイアスは疑似科学を生む温床になりやすいとの指摘もある．

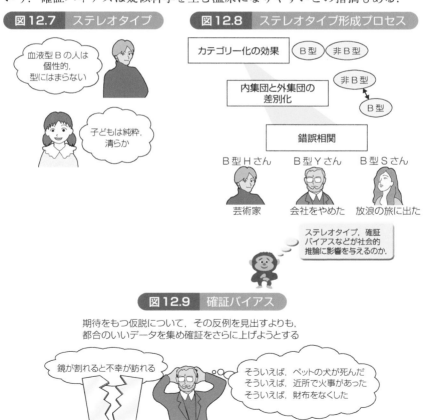

図12.7 ステレオタイプ

血液型Bの人は
個性的，
型にはまらない

子どもは純粋，
清らか

図12.8 ステレオタイプ形成プロセス

カテゴリー化の効果　B型　非B型

内集団と外集団の
差別化　非B型　B型

錯誤相関

B型Hさん　B型Yさん　B型Sさん

芸術家　会社をやめた　放浪の旅に出た

ステレオタイプ，確証
バイアスなどが社会的
推論に影響を与えるのか．

図12.9 確証バイアス

期待をもつ仮説について，その反例を見出すよりも，
都合のいいデータを集め確証をさらに上げようとする

鏡が割れると不幸が訪れる

そういえば，ペットの犬が死んだ
そういえば，近所で火事があった
そういえば，財布をなくした

4 態度の変容

　私たちの行動の根幹には，ある対象に対して示す認知，知覚，感情にもとづく心理状態や傾向がある．これを**態度**と呼ぶ．態度は人間行動の決定要因になる．例えば，ある政党を支持するとか，ニンジンが好きではない，などである．態度は，定常的で安定したものであるが，時間経過の中で，与えられた情報によって変容することもある．

　この態度の変容に関して，アメリカの心理学者ペティらは**精緻化見込みモデル**を提案した．同モデルでは，**図12.10**のように，態度が変容するにあたっては，情報を精緻に分析する**中心的ルート**と，関連する手がかりで判断する**周辺的ルート**の2ルートがあるとしている．つまり，情報を積極的に精緻化しようとする動機をもつかどうかで態度に差が出るという考え方である．中心的ルートでは，処理しようとする動機や能力をもっていれば，メッセージの性質などをみて認知構造に好意的な変化が生じれば好意的に，非好意的な方向に変化が生じれば非好意的へと態度を変化させる．これら動機や能力をもたなければ本質的ではない周辺の手がかり（専門性や論拠の数など）で，結果として大きなこだわりもなく態度を変容させる．スマートフォンの買い替え時をイメージするとわかりやすい．この場合，中心的ルートというのは，スマートフォンに備わっている本質的な特徴，特性などで，CPU性能，解像度，サイズ・重さ，バッテリーの持続時間，メモリの容量などの観点であり，これらに高い関心を示し重要な意味をもつと解釈すれば，自分の信念や態度に影響を与える．一方，周辺的ルートは，スマートフォンがもっている感性・感情的な側面で，CMの面白さ，ネーミングの良さなどであり，本質的な特性に関心がなかったり，重要でないと解釈したりした場合に，これら周辺情報の簡単な検討で，容易に信念や態度を変える．

　アメリカの社会心理学者ハイダーは，人間関係には，安定した状態と不安定な状態があり，不安定な状態は長続きせずやがて安定な状態に移行するという**バランス理論**を提唱した．一般に，ある人（P）と他者（O）に対して，対象（X）があるときに，これら3者の関係は，好き嫌いを考慮すると，9通りの組み合わせがある．Xは，事物であっても人であってもかまわない．ハイダーは，＋は好感をもっている状態，－は嫌悪感をもっている状態としたとき，これら3者の関係を表す3つの符号の積がプラスである場合を（**図12.11上段**），3者は均衡状態にあるとし，安定しているとした．例えば，自分はある政治家が好きではなく（－），他者もその政治家が好きでは

ない（−）場合，自分と他者の気が合っていれば（＋）安定な状態にある．
「敵の敵は味方」というのはこの状況である．

　他方，これら3つの符号の積がマイナスである場合（同図下段），3者は不安定状態にあるとし，このような状態は長く続かず安定状態に移行し均衡になろうとする力が働くとした．「坊主憎けりゃ袈裟まで憎い」というのはこの状況である．自分だけでなく，相手がいてさらに対象事物まであると，関係安定化のために，他者や対象事物に対する自分の態度を変容させたり，場合によっては，他者に態度の変容を働きかけたりすることも必要になってくることがあるということだ．

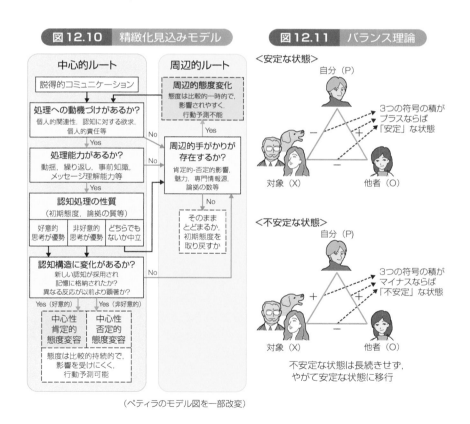

（ペティラのモデル図を一部改変）

5 集団の影響

　社会的影響には，社会的促進と社会的抑制とがある．例えば，予備校に通う受験生が周囲の受験生の影響で学習成績が上がることがあるが，これが社会的促進だ．アメリカの心理学者ザイアンスは，ある習熟した課題を遂行しようとしている者が，他者の存在によって活動に対する生理的覚醒レベルが高まり，結果として優性反応が促進されるという優性反応説を唱えた．その後，その要因として，他者に自分の作業を評価されるのではないかという心配をすることなどが指摘されている．

　逆に，集団との関係で抑制を生じることがある．フランスの農業技術者であったリンゲルマンは，複数の人間がロープを引っ張る力を圧力計で測定する実験を行った．その際，1人から人数を少しずつ増やして，圧力計で引っ張る力を測り，1人の出す力を計算した．その結果，2人のときは1人のときの力の93％，3人になると85％，8人だと49％というように，人数が多くなるほど，個人の発揮する力は低下した（図12.12）．これは社会的手抜きと呼ばれる抑制現象で，個人にかかる社会的圧力が分散されることに起因するとされる．特に，集団における各人の目標が明確でなく，さらに達成度もわかりにくいことが大きな原因といえる．

　類似した社会的抑制に傍観者効果というものがある．これは，多数の人間がいる中で何かアクシデントがあり援助が求められているときに，援助可能な人が一定数存在すると，各人の援助行動が抑制される現象である．傍観者効果の要因として，アメリカの心理学者ラタネーらは，周囲の人間の評価を気にすること，周囲の人間の無反応に影響されること，責任意識の分散などをあげている．

　その他に個人が集団から受ける影響には，同調がある．アメリカの心理学者アッシュは次のような実験を行った．1枚の紙に1本の線分Xを描いておく．また，別の紙に，それぞれ異なる3本の線分A, B, Cを描いておく．このうち，線分Bだけが線分Xと同じ長さだ．実験協力者は1人ずつ，他の実験協力者が見ている前で「線分Xと同じ長さのものはA, B, Cのどれか？」という質問に口頭で答えていく．実験協力者は7名であるが，このうちS氏以外の6名は実験者とあらかじめ打ち合わせているサクラである．最後にS氏が答えるように順番が設定されている．S氏以外の6名は，線分Bを選ばず明らかにXとは長さが異なる線分Cを選んだ．すると，S氏もおかしいとは思いつつ，明らかに誤った長さの線分Cを選ぶようになった．実験は123

名に対して行われ，そのうち94名が誤った長さの線分を選んだ（**図12.13**）.

　このように，集団の大半の人が同じ行動をとると（**集団の斉一性**），不本意ながらも自分の行動や態度が同じ方向を向きやすくなる．これが同調だ．ただ，同調には表面だけの場合もあり，内的には受容していないことも多い．その場合に，**認知的不協和**を生じることがある．アメリカの社会心理学者フェスティンガーは，私たちは自己の決定したことに対し不整合や矛盾（認知的不協和）があると，これを解消するように，行動を変えるか態度を変えるように動くという**認知的不協和理論**を提唱した．その方法には，①行動を変える，②不協和を生じさせる情報を回避させる，③新しい情報を探す，④情報の重要性を下げるなどがあるとしている（**図12.14**）．例えば，大金を払って購入したバッグに対して他者に別のバッグの方がいいと言われたとき，認知的不協和が生じ，①購入したバッグを使わない，②購入しなかったバッグの広告を無視したり批判的な他者を避けたりする，③購入したバッグに関するいい情報を集める，④バッグなんて重要なものじゃないと考えるなどによって，低減を図る．

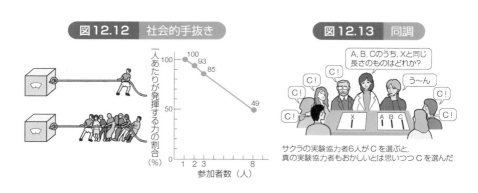

図12.12　社会的手抜き

一人あたりが発揮する力の割合（％）

100
93
85
49

参加者数（人）

図12.13　同調

A, B, Cのうち, Xと同じ長さのものはどれか？

C！　う～ん

サクラの実験協力者6人が C を選ぶと,
真の実験協力者もおかしいとは思いつつ C を選んだ

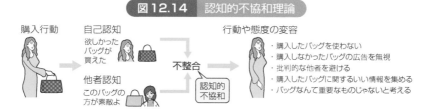

図12.14　認知的不協和理論

購入行動　　自己認知　　　　　　　　　行動や態度の変容

欲しかったバッグが買えた

他者認知

このバッグの方が素敵よ

不整合

認知的不協和

・購入したバッグを使わない
・購入しなかったバッグの広告を無視
・批判的な他者を避ける
・購入したバッグに関するいい情報を集める
・バッグなんて重要なものじゃないと考える

〈参考文献〉

● Anderson, N. H. (1981). *Foundations of information integration theory* (Vol. 578). New York: Academic Press.
● Bruce, V., & Young, A. (1986). Understanding face recognition. *British journal of psychology, 77*(3), 305-327.
● Carlston, D. E. (1994). Associated Systems Theory: A systematic approach to cognitive representations of persons. *Psychology*.
● Darley, J. M., & Gross, P. H. (1983). A hypothesis-confirming bias in labeling effects. *Journal of Personality and Social Psychology, 44*(1), 20.
● Devine, P. G. (1989). Stereotypes and prejudice: Their automatic and controlled components. *Journal of personality and social psychology, 56*(1), 5.
● Ellis, H. D. (1986). Processes underlying face recognition. *The neuropsychology of face perception and facial expression*.
● Fiske, S. T., & Neuberg, S. L. (1990). A continuum of impression formation, from category-based to individuating processes: Influences of information and motivation on attention and interpretation. In *Advances in experimental social psychology* (Vol. 23, pp. 1-74). Academic Press.
● Walker, M., & Vetter, T. (2009). Portraits made to measure: Manipulating social judgments about individuals with a statistical face model. *Journal of Vision, 9*(11), 12-12.
● エドワード・T.ホール（著），國弘正雄，長井善見，斉藤美津子（訳）(1966). 沈黙のことば　南雲堂
● 井上崇通 (2018). 消費者行動論 第2版　同文舘出版
● 今井芳昭 (2006). 依頼と説得の心理学　サイエンス社
● 唐沢かおり (2005). 朝倉心理学講座7 社会心理学　朝倉書店
● 菊池聡 (2012). なぜ疑似科学を信じるのか　化学同人
● 北村英哉 (1999). 社会的認知研究の動向　心理学研究，Vol.70, No.5
● 小林敏和，大図正孝，大竹俊輔，赤松茂 (2004). 形状とテクスチャの特徴空間における線形判別関数を用いた顔イメージの生成―年齢・性差に関する印象変換の試み―　日本顔学会誌，4 (1)
● 佐藤綾子 (1995). 自分をどう表現するか　講談現代新書
● 鈴木宏昭 (2016). 教養としての認知科学　東京大学出版会
● 高野陽太郎 (2013). 認知心理学　放送大学教育振興会
● 竹原卓真，野村理朗 (2004). 「顔」研究の最前線　北大路書房
● 箱田裕司，都築誉史 (2010). 認知心理学（New Liberal Arts Selection）　有斐閣
● 山口真美，柿木隆介（編）(2013). 顔を科学する　東京大学出版会
● 吉川左紀子 (1999). 顔の再認記憶に関する実証的研究　風間書房
● 吉川左紀子，中村真，益谷真（編）(1993). 顔と心：顔の心理学入門　サイエンス社

第 **13** 章

コミュニケーション

本書では，心的活動プロセスをコンピュータの情報処理になぞらえて話を進めているが，コンピュータは他のコンピュータとの情報のやりとりもする．私たちも，他者とのコミュニケーションを通じて新たに情報を受け取ったり，さらに処理したり，他者に情報を渡したりする．本章では，人間と人間の間の情報伝達をとり上げ，言語チャンネル・非言語チャンネルの役割，説得性に関与する要因，伝達内容のひずみ方，さらには，広がりをみせるネットワークを通じたコミュニケーションの性質について考える．

1 コミュニケーションにおける非言語チャンネル

　人間同士が行うコミュニケーションにおいて，話者から聴者に伝わる情報は，**バーバル情報**と**ノンバーバル情報**に分けられる．具体的な話者の意思を伝える言語情報がバーバル情報であり，この情報のさらに細かいニュアンスを言語以外の手段で表現したり，自分の態度や感情，あるいは身体の状態などを伝達したりするものがノンバーバル情報だ．これは非言語の情報であり，音声の強弱，高低などの韻律，および，顔の表情や視線，手指によるジェスチャなどの身体動作が媒体となる．すなわち，**図13.1**のように，コミュニケーションにおいては，言語情報として言葉のチャンネル，非言語情報として韻律および身体動作の各チャンネルの，3つのチャンネルが存在する．ノンバーバル情報である韻律や身体動作は，バーバル情報を修飾し，コミュニケーションを生き生きとしたものに仕立て上げる役割のみならず，最小の労力で最大の成果を獲得しようとする行動の経済原則に寄与している．

　音声の韻律には，音声の強弱，高低，リズム，間があり，それぞれ，音声波形の振幅情報，基本周波数，時間構造，無音区間が物理量となる．私たちは，コミュニケーションにおいて，これらをうまく使って，音声に濃淡をつけ効率よく相手に意図を伝達している．例えば，重要な部分は振幅を大きくし，話速を落としたり，重要フレーズの直前に間をおいて注意を向けさせたりする．特に，ある部分を際立たせるとそこが強調されて聞き取られる（**卓立**）．逆に，重要でない部分は振幅を小さく低くし，話速を上げて力を抜く．このように，話者は，最小限の労力で，意図を効率よく伝える．一方，聴者側も韻律を利用して，話者が強く伝えたい重要な部分と，重要でなさそうな部分とを効率よく識別しながら聞く．

　また，韻律は，喜びや怒りといった話者の情動の表出にも寄与する．聴者側も，話者の情動を容易に汲み取ることができる．筆者らの研究によれば，平静音声と感情音声との間の韻律成分置換実験の結果，怒りの表現には時間構造，歓喜・悲哀音声には基本周波数が大きく寄与する．

　さらに，韻律は曖昧性の解消の役割をも担う．例えば10.4節でとりあげた「素敵な先生のネクタイ」の構文木の異なりも，抑揚や間など韻律を適切につけて読めば表現分けすることができる．韻律が，文の構造をわかりやすく効率的に伝える役割を果たしていることを示す実験がある．「A社は順調に業績を伸ばしたB社を吸収する計画を立てたC社を批判するD社に賛同したE社と秘密保持契約を結んだ」という文が電光掲示板に流れているとしたと

き，このような頭から声を出して読んでいくと，途中でその読み方が違うことに気付いて，つい読むのを止めて考えてしまうような文を**ガーデンパス文**という（**図13.2**）．日本の音声学者の市川熹らは，このようなガーデンパス文を使って，文章の理解度と韻律の関係を調べる実験を行った．この実験では，2つの実験協力者グループA，Bに対し，Aグループにはガーデンパス文を文字で見せ，Bグループには抑揚や間などの韻律を適切につけたガーデンパス文の音声を聞かせた．その後，内容に関する理解度を測定した結果，**図13.3**のように，文字で見せたAグループの平均正解率が13.9％であったのに対し，音声を聞かせたBグループでは66.7％の平均正解率であった．このように，音声の韻律は，文章のもつ曖昧性を解消し，労を少なくして効率よく理解することに役立っている．

　そのほか，うなずきは対話促進，視線およびジェスチャは説得性，好感度，親密度向上，表情は好感度や親密度向上，感情表出など，身体動作がコミュニケーションに果たす役割に関する研究も数多い．

図13.1 コミュニケーションにおける3つのチャンネル

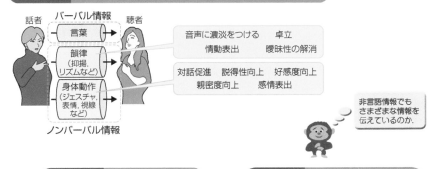

図13.2 ガーデンパス文

A社は順調に業績を伸ばしたB社を吸収する計画を立てたC社を批判するD社に賛

最後まで見ないと
文意がつかめない

図13.3 ガーデンパス文の理解度測定実験結果

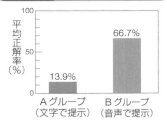

（市川文献[2011]のデータをもとに筆者作成）

2 説得的コミュニケーション

　対人コミュニケーションの目的には，①自己の考えの表明，②他者からの情報入手，③他者に対する態度変容，④対人関係構築，⑤協働し問題を解決する，の5つがあると，日本の社会心理学者今井は述べている．これらの目的達成のために，説得的コミュニケーションは大きな役割を果たす．今井によれば，説得的コミュニケーションを成立させるためには，以下のように，情報の送り手側と受け手側，メッセージの各々に重要な役割を果たす要因がある（**図13.4**）．

（1）送り手側の要因

　①**信頼性**：一貫した言動・行動，客観的態度，**両面提示**などに基づき形成される．信頼性には時間経過とともに低下したり増大したりする**スリーパー効果**がみられることがある．例えば，信用度の低い人に「A社は倒産する可能性がある」と言われても信じがたいが，時間がたつと，誰の発言だったかは重要でなくなり，情報の内容の確信度が高まることがある．

　②**専門性**：当該領域に関する高度な専門的知識や技術，経験を有する度合いに基づき形成される．

　③**魅力性**：性別，外見，温厚さ，相互の類似性などに基づいて形成される．また，自己に好意を寄せている場合には高くなるという報告もある（**好意の返報性**）．特に，**図13.5**のように，自分がある人に抱く好感度は，その相手が最初から自分を高く評価してくれている場合よりも，最初は評価が低いが時間の経過に伴って評価が高くなる場合の方が，その相手に高い好感を抱くようになるという実験結果がある．すなわち，評価の高さそのものよりも，評価の変化率が効いてくるということだ．アメリカの社会心理学者アロンソンらは，この現象を**好意の獲得–喪失効果**と呼んだ．

（2）受け手側の要因

　①**能力**：アメリカの臨床心理学者ローデスらは，一般に知能指数の低い人ほど説得に応じやすいと述べている．その理由として，知能指数の高い受け手はどんな問題にも拒絶する能力を有しているからとしている．

　②**自尊心**：ローデスらによれば，自尊心が中程度である人が最も説得されやすく，自尊心が低いもしくは高い人は説得されにくいという．その根拠として，低い人はメッセージに注意を向けなかったり内容が理解できなかったりすることがあり，また，高い人は他者の影響を受けにくく自分の意見を変えないことをあげている．

③パーソナリティ：物事について追求する，自分の態度をチェックしコントロールするといった閉鎖的な特性をもつ人は説得に応じやすいと，アメリカのコミュニケーション学者パーロフは述べている．

（3）メッセージの要因

　①両面提示：良い面だけを並べるのではなく，良い面と自分にとって不利益になる面も並べる方が，説得性が増す（**図13.6**）．

　②結論の明示：受け手に，とってほしい態度を明確に提示すると説得につながりやすい．

　③提示順序：時間的に先に提示した情報の方が応じやすい（初頭効果）．

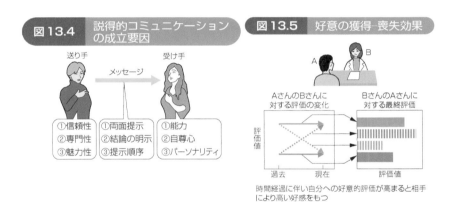

図13.4 説得的コミュニケーションの成立要因

送り手　メッセージ　受け手

①信頼性　①両面提示　①能力
②専門性　②結論の明示　②自尊心
③魅力性　③提示順序　③パーソナリティ

図13.5 好意の獲得-喪失効果

AさんのBさんに対する評価の変化　BさんのAさんに対する最終評価

評価値　過去　現在　評価値

時間経過に伴い自分への好意的評価が高まると相手により高い好感をもつ

図13.6 片面提示と両面提示

片面提示

この掃除機は，
重さ 1.8 kg でとにかく軽いので，
片手で楽に操作できます．また
吸込仕事率 650 W とかなり強く，
ごみ捨ても簡単です．
しかも取り換えノズルが 3 種類
付いて安いんです．
いいことづくめです．

両面提示

この掃除機は，
重さ 1.8 kg でとにかく軽いので，
片手で楽に操作できます．また
吸込仕事率 650 W とかなり強く，
ごみ捨ても簡単です．
ただ，パワーが強い分だけ，
騒音が 56 dB とやや大きいのが
難点です．

良い面だけを並べる　　良い面と悪い面の両方を述べる

誠実さを感じさせ，安心感がもてる

両面提示の方が
説得性が高いのか．

3 コミュニケーションの変容

　情報は伝達の過程で変容することがある．筆者は，あるまとまった文を，Aさんが次の人Bさんに口頭で伝え，またBさんが次の人Cさんに口頭で伝えていくというように，6人で伝言ゲームを行って，内容がどのように変わるのかを調べたことがある（図13.7）．大学生24名を，6名ずつ4グループに分け，ある文章を各グループの先頭の者に見せ，これをそれぞれのグループで，メンバーからメンバーに順次口頭で伝えてもらう．そして，各グループの最後尾の者には，聞いた内容を紙に書き取ってもらった．文章は，「8月第3週の火曜日の夕方，オーストラリアの山岳地帯に，巨大な隕石らしきものが，赤く燃えながら落ちるのを見たとの情報が，登山家から寄せられたため，翌日朝早く地質学の専門家5名が現地に確認に行ったところ，隕石などが落下した痕跡は見つかりませんでした」という内容だ．実験の結果，最後の6人目の者が聞いて書き取った文は，

　　第1グループ：「8月の第3土曜日に，オーストラリアの山岳地帯に隕石らしきものが衝突しました」

　　第2グループ：「8月3日火曜日に，オーストラリアの登山家が隕石を発見した」

　　第3グループ：「8月3日頃にオーストラリアに隕石が落っこってきて，何も見つからなかった」

　　第4グループ：「8月13日の金曜日に，隕石が落ちてきた」

という内容であった（原文まま）．アメリカの心理学者オルポートとポストマンは，こういったコミュニケーションの変容過程には，平準化，強調，同化と呼ばれる特徴がみられるとした（図13.8）．平準化は，単純化ともいえるが，細かいところは省略されて要約されたような文になるということだ．上の例でも，全グループともに，元の文の形容詞句や副詞句などの細かい描写部分は消え，非常に単純な文になっている．強調は，ある特徴的な部分がさらに強められるということで，上記の例では，第1グループにおいて，「落ちた」という表現が「衝突した」というように強められている．同化とは，構成メンバーがもっている主観的，感情的な思いで内容がゆがめられるということである．上記の例では，第2グループにおいて，隕石を見つけたいという思いが「隕石を発見した」という誤った内容に変容しており，また，第4グループで「8月第3週の火曜日」が「8月13日の金曜日」という内容に変わっているのも，隕石落下は不吉だという感情的な思いがメンバーに

あって，それが作用したものと考えられる．

　日本の社会心理学者木下は，実際の社会場面では上記のような統制環境とは異なり，情報の送り手と受け手の関係をはじめ多くの要因が存在しているとして，より大きなコミュニケーションシステムの中での伝達経路で生じるノイズやエラーなどの要因が作用するモデルを提案している（**図13.9**）．このモデルは，システムを構成する各装置の内部に加えて，装置間の関係において，変容の要因が発生するとしている．例えば，比喩や誇張など相手との親疎関係に基づくひずみ，抵抗値の積み重ねなどからくる単純化など多段接続によるひずみの蓄積，ネットワーク接続によって入力される複数情報の整合をとった結果でのひずみなども要因としてあげられる．このように，同モデルは，コミュニケーションプロセスを情報処理システムとしてモデル化し，実場面でのコミュニケーションが変容し流言飛語に至る要因をとらえている．

図13.7　コミュニケーションの変容実験

元の文章　→　先頭の者に文章提示　口頭で順次伝達　最後尾の者は紙に内容を書き取る

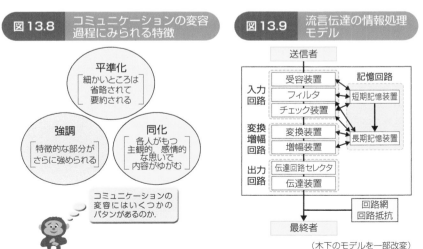

図13.8　コミュニケーションの変容過程にみられる特徴

平準化
細かいところは省略されて要約される

強調
特徴的な部分がさらに強められる

同化
各人がもつ主観的，感情的な思いで内容がゆがむ

コミュニケーションの変容にはいくつかのパタンがあるのか．

図13.9　流言伝達の情報処理モデル

送信者

入力回路
　受容装置
　フィルタ
　チェック装置

記憶回路
　短期記憶装置
　長期記憶装置

変換増幅回路
　変換装置
　増幅装置

出力回路
　伝達回路セレクタ
　伝達装置

回路網
回路抵抗

最終者

（木下のモデルを一部改変）

第13章

4 インターネットにおけるコミュニケーション

　1980年以降，インターネットによって世界中がつながったことでコミュニケーションが大きく変わってきている．**ソーシャルネットワーキングサービス**（SNS；Social Networking Service）の普及など，テレビ，ラジオ，新聞などの片方向通信から双方向通信に，電話などの音声コミュニケーションからテキストコミュニケーションに，郵便などの特定受信者から不特定受信者にと，大きな変革を遂げた．これらネットコミュニケーションには，送り手と受け手を時間および空間による拘束から解放するタイムフリー，スペースフリーという大きな長所がある．ネットコミュニケーションのその他の特性として，以下の事項があげられる（**図13.10**）．

　（1）**個人による情報発信**：誰でも手軽に情報発信が可能

　（2）**複雑なリンケージ**：ネット特有の個人と他者の複雑なつながり

　（3）**拡散性**：シェアやリツイート機能などによる投稿拡散

　（4）**匿名性**：自分を名乗らずニックネームや偽名で投稿することが可能

　（5）**感情伝達困難**：対面コミュニケーションと異なり，非言語情報が伝わりにくく，フェイスマークや記号を使用しても微妙な感情伝達は困難

　（6）**複数モダリティ対話**：画像・映像を添付するなど複数のモダリティでのコミュニケーションが可能

　したがって，コミュニケーション特性にも大きな変化がみられる．例えば，（2）のリンケージの複雑さや（3）の拡張性によって，表面的には「1対1」のコミュニケーションにみえても，実際には「1対多」の構造になっていて**フレームの多重化**やコミュニケーションの変容が生じたりする．

　フレームの多重性は，1人の人に複数のコミュニケーション空間（フレーム）が同時に共存している状況をいう（**図13.11**）．例えば，街なかでスマートフォンを使う場合，自分自身は通話や対話相手との関係と，他の通行人との関係という2つの対人空間をもつことになる．この場合はフレームの二重化であるが，対話相手とのフレームに意識が集中し，他フレームである通行人には，意識が向かなくなることがある．SNSにおいても，会社関係，友人関係，学校関係，出身地関係，近所関係，親戚関係でのつながりが同時共存するなど，フレームの多重化構造となることが多い．このことが，同一投稿を共有する中で，仲間の意外な面を知ることができるというSNSの妙味にもつながっている．反面，投稿中に他フレームに意識が向かなくなってしまい，態度の一貫性を失ったり，人間関係を傷つけたり，情報漏えいの問

題につながったりすることもある．また，（4）の匿名性から，対面コミュニケーションでは出にくい，過激発言，無責任発言，差別発言，感情の高まりなどもみられ，相手の意見を取り入れ妥協点を見出すことよりも，論破したり相手の発言を押さえたりすることに力点がおかれがちになる．このように，相手が見えないことから，声高な少数派**ノイジーマイノリティ**や物言わぬ多数派**サイレントマジョリティ**，特定の個人を集中的に攻撃する**スケープゴーティング**など特有の力学が生まれがちになる（図13.12）．特にノイジーマジョリティは，多数ではないにもかかわらず声が大きいため，ネット越しでは多数意見であるかのような錯覚を引き起こすこともある．

図13.10　ネットコミュニケーションの特徴

タイムフリー　　スペースフリー
個人による情報発信
拡散性
匿名性
複数モダリティ対話
複雑なリンケージ
感情伝達困難

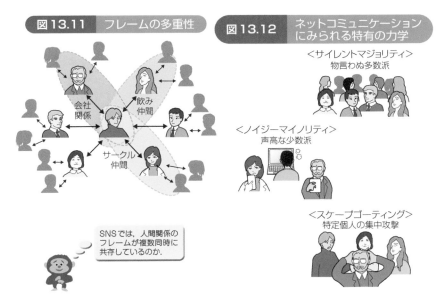

図13.11　フレームの多重性

会社関係
飲み仲間
サークル仲間

SNSでは，人間関係のフレームが複数同時に共存しているのか．

図13.12　ネットコミュニケーションにみられる特有の力学

＜サイレントマジョリティ＞
物言わぬ多数派

＜ノイジーマイノリティ＞
声高な少数派

＜スケープゴーティング＞
特定個人の集中攻撃

〈参考文献〉

- Allport, G. W., & Postman, L. (1947). The psychology of rumor. *Henry Holt and Company; 1st edition*
- Aronson, E., & Linder, D. (1965). Gain and loss of esteem as determinants of interpersonal attractiveness. *Journal of experimental social psychology, 1*(2), 156-171.
- Kitahara, Y., & Tohkura, Y. I. (1992). Prosodic control to express emotions for man-machine speech interaction. *IEICE Transactions on Fundamentals of Electronics, communications and computer sciences, 75*(2), 155-163.
- Perloff, R. M. (2003). *The dynamics of persuasion: Communication and attitudes in the 21st century* (*2nd ed.*), Lawrence Erlbaum Associates Publishers
- Petty, R. E., & Cacioppo, J. T. (1986). The elaboration likelihood model of persuasion. *Communication and persuasion* (pp. 1-24). Springer, New York, NY.
- Rhodes, N., & Wood, W. (1992). Self-esteem and intelligence affect influenceability: The mediating role of message reception. *Psychological bulletin, 111*(1), 156.
- 市川熹 (2011). 対話とことばの科学　早稲田大学出版部
- 今井芳昭 (2006). 依頼と説得の心理学　サイエンス社
- 北原義典, 武田昌一, 市川熹, 東倉洋一 (1987). 音声言語認知における韻律の役割　電子情報通信学会論文誌 (D), Vol.J70-D, No.11
- 木下冨雄 (1970). 流言変容のモデル　行動計量学, 7巻, 1号
- 榊博文 (2010). 説得学—交渉と影響の理論とテクニック　おうふう
- 箱田裕司, 都築誉史, (2010). 認知心理学 (New Liberal Arts Selection)　有斐閣
- 平林由紀子, 藤田雄介, 吉永智明, 北原義典 (2016). 説得力の強さを感じさせる話し方における非言語情報の特徴のモデル化　ヒューマンインタフェース学会論文誌, Vol.18, No.4

錯　覚

地平線近くの月は妙に大きく見えるのに，頭上の月は大きいとは感じなかったり，ペンの一部を指で軽く持って上下に振るとグニャグニャと柔らかくなったように見えたりするなど，私たちの身近なところにも錯視現象は多く存在する．同じ図形が条件によって異なって見えるメカニズムを解明できれば，認知プロセスの解明に大いに寄与できるに違いない．本章では，錯視に限らず，あまり知られていない現象や作品も紹介しながら，知覚上の興味深い錯覚について考える．

第14章

1 形の錯視

　錯覚は，実際の物理的状況とは異なって感じられる知覚上の現象である．錯覚には，**図14.1**のように，視覚上の錯覚である錯視，聴覚上の錯覚である錯聴，体性感覚の錯覚などがある．ただし，正式な錯覚の分類が存在するわけではない．

　錯視には，形の錯視，明るさ・色の錯視，運動錯視などがある．形の錯視では，形そのものの錯視，大きさの錯視，線分関連の錯視などがあるが，日本の知覚心理学者北岡によれば，このような錯視の少なくともいくつかは知覚の恒常性（3.3節参照）に起因するという．

　図14.2は形の錯視の1つで，**シェパード錯視**と呼ばれるものの改変版である．（1）の本の表紙と（2）の表紙は全く同じ形であるがそうは見えない．立体表現の違いによって（2）の方が長い奥行きを知覚するために，形の恒常性からくる復元効果で（1）よりも縦長に感じられる．また，縦・横方向に関する異方性もいくらか関係する．（3）は（1）の立体表現を変更せず角度だけ（2）に合わせたものであるが，形の恒常性により，（1）と同一物体と認識する．

　図14.3は，大きさの恒常性によって生じる錯視例である．同図（1）のような無背景では同じ大きさである2人の人物が，同図（2）のような奥行き知覚を起こさせる背景では，大きさの恒常性が手伝って相対的に異なった大きさに見える．これは**回廊錯視**と呼ばれることもある．背景の奥行き図形は，この例のように線遠近法によるものに限らず，3.5節で述べたきめの勾配や大小遠近法によるものでもよい．

　図14.4の（1）は，**ポッゲンドルフ錯視**と呼ばれる図形で，黒長方形の背面にある1本の直線が上下にずれて見える．これは鋭角を過大視する特性によるとされる．同図（2）（3）は，それぞれ**ツェルナー錯視**，**フレーザー錯視**と呼ばれる図形で，どちらも短い斜線が全体の傾きに影響を与えているが，前者は鋭角の過大視，後者は鋭角の過小視に起因するとされる．同図（4）は，フレーザー錯視を同心円化したフレーザーの渦巻き錯視で，同心円にもかかわらずらせん状に見える．北岡によれば，他の傾き錯視図形でも同心円で渦巻き錯視が生じるという．同図（5）は**カフェウォール錯視**と呼ばれる図形で，白色四角形と黒色四角形との間で生ずる**隅効果**が灰色直線をはさむことによって強く表れ，それぞれ水平な線分がそう見えない．灰色直線を除去すると錯視量は大きく減る．同錯視よりも前に発表されている**ミュン**

スターベルク錯視は，はさまれた直線が灰色ではなく黒色であるが，錯視量が若干少ないようである．

　傾き錯視は文字列においても生ずることがある．**図14.5**は「ワガチーム」という文字列を繰り返したものと，逆順の文字列を繰り返したものである．各文字の含む横線が順次下がったり上がったりしていくために，テキスト全体が傾斜して感じられる．日本の数理科学者杉原によれば，明朝体ではこの錯視量が少ないという．

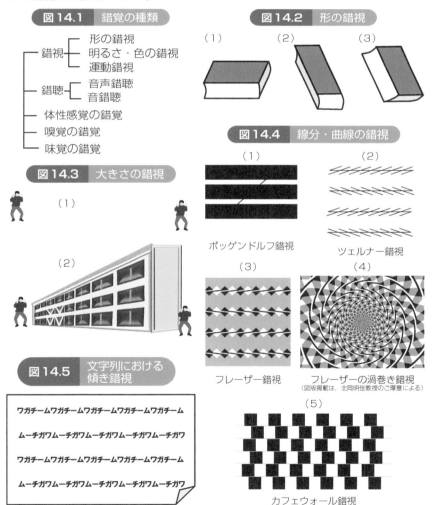

図14.1 錯覚の種類

錯視┬─ 形の錯視
　　├─ 明るさ・色の錯視
　　└─ 運動錯視
錯聴┬─ 音声錯聴
　　└─ 音錯聴
体性感覚の錯覚
嗅覚の錯覚
味覚の錯覚

図14.2 形の錯視
（1）　　（2）　　（3）

図14.3 大きさの錯視
（1）
（2）

図14.4 線分・曲線の錯視
（1）　　　　　　　　（2）
ポッゲンドルフ錯視　　ツェルナー錯視
（3）　　　　　　　　（4）
フレーザー錯視　　　フレーザーの渦巻き錯視
（図版掲載は，北岡明佳教授のご厚意による）
（5）
カフェウォール錯視

図14.5 文字列における傾き錯視

ワガチームワガチームワガチームワガチームワガチーム

ムーチガワムーチガワムーチガワムーチガワムーチガワ

ワガチームワガチームワガチームワガチームワガチーム

ムーチガワムーチガワムーチガワムーチガワムーチガワ

2 明るさ・色の錯視

図14.6（1）のように，濃度の異なる3つの図形を同図（2）のようにAとBで接続すると，中央の図形は，右に行くほど白っぽくなり逆に左に行くほど濃い灰色になり塗りむらがあるように見える．この現象は**シュブルール錯視**と呼ばれる．図14.7（1）は，濃い灰色パタン，薄い灰色パタン，そしてその間の濃度が同図（2）の実線のように変化したパタンの3枚を接続したものだが，接続部にぼんやりと明るい灰色の縦帯と暗い灰色の縦帯が見える．この帯は**マッハの帯**と呼ばれる．物理的にはこのような帯は存在していないにもかかわらず，真ん中の濃さが変わる部分の前後で濃さがオーバーシュートして，感じ方は（2）の点線のようになる．この現象は，**側抑制**と呼ばれるメカニズムによる．すなわち，視神経細胞が光刺激を受けると，その近傍の細胞の活動を抑制し刺激強度の差が際立ち，境界がはっきりと検出されるのである．

図14.8は明るさの錯視例である．（1）のAはBよりも明るく見えるが，物理的には（2）のようにA, Bともほぼ同じ明るさである．この現象には**明るさの恒常性**という視覚特性が関係している．例えば，私たちは，白紙を日なたに置いてみても日陰に置いてみても，白さが変わったとは感じない．これが明るさの恒常性だ．物理的には，日なたの白紙の方が日陰の白紙よりも物理的に明度が高いので，私たちの網膜に映る像も，日なたの白紙の方が明るく白さもかなり違うはずである．この錯視には，**明るさの対比**も関与している．図14.9では，（2）よりも（1）の方が，四角形の中の円は明るく感じられるが，どちらも四角形の中の円の灰色は同じ濃さである．つまり，（1）では，円は地の濃い灰色の影響を受けて明るく見え，逆に（2）では，地の淡い灰色の影響で円が（1）の場合よりも暗く見える．これが明るさの対比だ．他方，（3）と（4）は同じ濃さの灰色の円にそれぞれ濃い灰色と淡い灰色の縞を乗せたものだが，（3）よりも（4）の方が，円は淡く感じられる．すなわち，円の明るさが縞の明るさに近づいて感じられる．これが**明るさの同化**という現象だ．

対比と同化は色覚でも生じる．図14.10（1）（2）では，同じ色のキャベツやブドウがそれぞれ（a）（b）で異なって見える．これは**ムンカー錯視**と呼ばれるものを改変した錯視で，**色の対比**と**色の同化**の相乗効果の結果である．オーストラリアの視覚心理学者アンダーソンは，対象図形と地が同じ層に存在するように知覚されると対比を生じ，対象図形と地が異なる層に存在

するように知覚されると同化を生じるとしている．同図（3）のように，灰色の原図形でも，縞模様の色によって赤に近い色に見えたり青に近い色に見えたりするなど，ムンカー錯視のような現象がみられる．

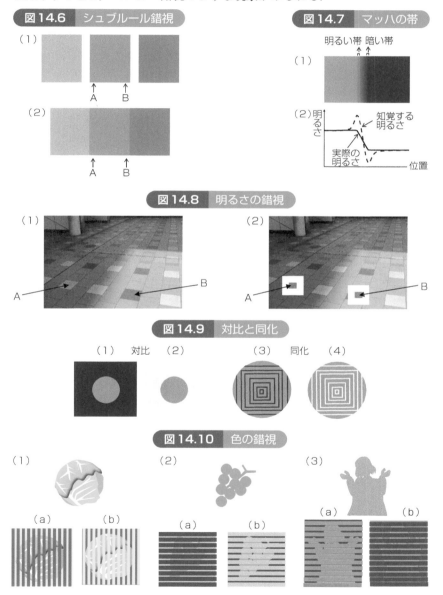

図14.6 シュブルール錯視
（1）
↑A ↑B
（2）
↑A ↑B

図14.7 マッハの帯
明るい帯 暗い帯
（1）
（2）明るさ 知覚する明るさ 実際の明るさ 位置

図14.8 明るさの錯視
（1） A → B
（2） A → B

図14.9 対比と同化
（1）対比 （2） （3）同化 （4）

図14.10 色の錯視
（1） （a）（b）
（2） （a）（b）
（3） （a）（b）

3 運動錯視

　運動錯視には，3.2節で説明した時系列上の出現と消失が引き起こす仮現運動，流れ落ちる滝を見続けた後周辺の岸壁を見ると岸壁が上昇しているように見える**運動残効**などがあるが，ここでは，静止図形が動いて見える錯視を紹介する．北岡によれば，このタイプの錯視には，拡大する錯視，回転する錯視，ゆらぐ錯視などいろいろなパタンの錯視があるが，周辺視（2.3節参照）や微小な眼球運動などの要因が寄与している．特に，黒，灰，白の輝度差のあるパタンを周辺視すると動く錯視を生じやすい．

　図14.11は，北岡による**シマシマガクガク錯視**の1つ，ガンガゼである．拡大方向に動いて見えるのは，間隔の異なる白と黒のパタンを周辺視していることによる．

　図14.12は，回転する錯視の例である．（1）の北岡による**蛇の回転**では，なにげなく見つめていると，図形が回転して見える．同錯視では，黒，灰，白の特定の順序パタンを繰り返して円状に並べることにより，周辺視において回転運動が知覚される．（2）は**ピンナ錯視**と呼ばれる図形を筆者が改変したものだが，中心の＋を見つめながら目を近づけたり遠ざけたりすると，リングが回転して見える．やはり，黒，灰，白の特定の組み合わせパタンが周辺視において運動を知覚させる．ただし，線画のみによるこの種の回転錯視もある．

　図14.13はゆらぐ錯視の例である．（1）は中央の球体が揺らいで見える北岡による**Out of focus**（球体版），（2）は全体をなにげなく眺めると白い帯の各交点にぼんやりとした薄青色の斑点がちらちらと現れる**ヘルマン格子**，（3）は同様に灰色帯の交点の白丸がちらちらと黒に変わる**きらめき格子**と呼ばれる図形である．（1）では，方向がずれた空間周波数の異なる2つの絵柄の組み合わせで見かけの運動方向と速度にズレを生みゆらぎを感じさせている．特に中央の球においては中ほどの低周波部分とその周りの高周波部分の周波数差がゆらぎを増幅させている．（2）では，周辺視の状態で，上下左右の白帯に対する側抑制により，交点が黒っぽく知覚されると考えられている．見つめている部分でこの現象が見られないのは，中心視では中心窩に視細胞が多く集まっているため側抑制の影響をあまり受けないことによるとされる．（3）では，縦横の帯が灰色で，格子点に白丸が置かれているため，ヘルマン格子で見られる灰色の斑点が明るさの対比効果により黒に近い色として知覚される．

ほかにも静止図形が動いて見える錯視が多数提案されているが，ここで紹介したものも含め，そのメカニズムが完全に解明されているわけではない．

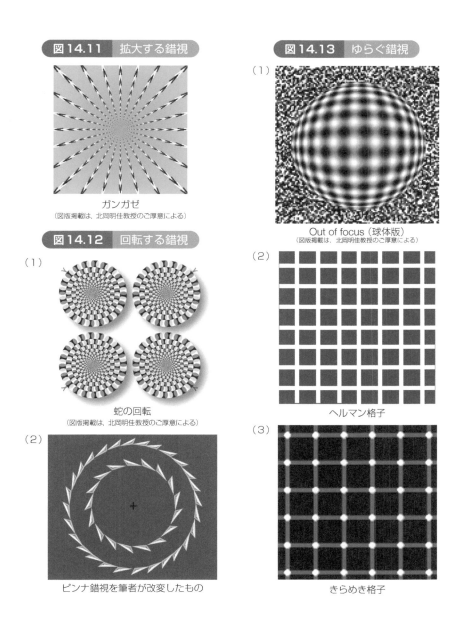

図14.11 拡大する錯視

ガンガゼ
（図版掲載は，北岡明佳教授のご厚意による）

図14.12 回転する錯視

（1）

蛇の回転
（図版掲載は，北岡明佳教授のご厚意による）

（2）

ピンナ錯視を筆者が改変したもの

図14.13 ゆらぐ錯視

（1）

Out of focus（球体版）
（図版掲載は，北岡明佳教授のご厚意による）

（2）

ヘルマン格子

（3）

きらめき格子

4 錯　聴

　錯視に対し，聴覚上での錯覚は錯聴と呼ばれている．錯聴には，音声に関する錯聴と音に関する錯聴とがある．前者には言語知識に基づくトップダウン処理が影響するものが多い．

　文音声をところどころ無音区間と置き換えてぶつ切りの音声にすると，何を言っているかがわかりにくくなるが，無音区間ではなくホワイトノイズに置き換えると話している内容がつかめるようになる．これは連続聴効果と呼ばれ，ゲシュタルト特性（3.2節参照）および言語的文脈による音韻補完効果である．聴覚におけるよい連続の要因である．筆者が，図14.14（1）の「世界のあちらこちらで頑張っています」という元音声をところどころ無音にした音声（2）を51名の学生に聞かせたところ，正しく聞き取れた者は39.2％であった．その無音部分をホワイトノイズで置き換えた音声（3）を別の37名の学生に聞かせたところ，正解率は51.4％であった．日本の聴覚心理学者柏野は，ノイズによる中断時間が200～300ミリ秒以下であれば連続聴効果が生じるとしている．これと同様の効果は視覚においてもみられる．図14.15（1）が何を表現しているかわかる人は少ないと思うが，同図（2）では「HAPPY」と描かれているらしいとわかるだろう．日本の視覚心理学者中山らは，遮蔽図形が手前に，被遮蔽図形が奥に知覚されることがポイントだとしている．同図（1）では，「HAPPY」という被遮蔽図形の上に遮蔽図形が重なっているが，地と同じ白色であるために遮蔽図形よりも地としてとられやすい．そのため，被遮蔽図形はまとまった図形としては知覚されにくくなる．しかし，（2）のように遮蔽図形に地とは異なる色がつくと，この色のついた図形の輪郭線が遮蔽図形のものだと解釈され，被遮蔽図形はまとまった図形として奥に知覚されるようになる．すると，手前の遮蔽図形によって隠されていた被遮蔽部分が補完されて，被遮蔽図形の「HAPPY」という文字が知覚される．前述の連続聴効果の場合も，無音区間で置き換えた場合は，その部分が地と区別がつかなくなり，全体がまとまった音声として知覚されないが，ホワイトノイズで置換した場合には，地から分離した遮蔽音としてとらえられ，被遮蔽音声がまとまったものとして知覚される．また，文音声の文節途中に置いたクリック音は文節区切りの位置に知覚されやすいというものがある．これは，私たちが，日本語の文音声を聴取する際には，音素や音節単位ではなく，文節単位でまとめて処理している可能性が高いことを示唆する．

音の錯聴では，聴覚におけるゲシュタルト特性として**音脈分凝**という現象がある．これは，**図14.16**のように，Ａという短音とＢという短音が交互に並んでいるときに，同図（1）のように，これらＡおよびＢの基本周波数（音の高さ）が近いと"ABABABA"のようにＡとＢが交互に聞こえるが，同図（2）のように，ＡおよびＢの基本周波数が離れていると，交互には聞こえず"Ａ Ａ Ａ Ａ"と"Ｂ Ｂ Ｂ"の2つの音列に分かれて聞こえる．これは，視覚のゲシュタルト特性における近接の要因と同様の現象といえる（**図14.17**（1）（2））．そのほか，音が上昇し続けるように聞こえる無限音階などもよく知られた錯聴である．

図14.14 連続聴効果

（1）元音声

（2）ところどころ無音で置き換え

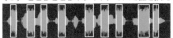

（3）ところどころホワイトノイズで置き換え

図14.15 視覚におけるよい連続の要因

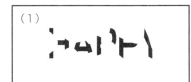
（1）

（2）

図14.16 音脈分凝

（1）ＡとＢの音の高さが近いと「ABABABA」という交互の連なりに聞こえる

基本周波数 ／ 時間

（2）ＡとＢの音の高さが離れていると「AAAA」という連なりと「BBB」という連なりの2つに分かれて聞こえる

基本周波数 ／ 時間

図14.17 視覚における近接の要因

（1）各直線が1つのグループに見える

――― ――― ――― ――― ――― ――― ―――

（2）各直線が上下2つのグループに見える

――― ――― ――― ―――
――― ――― ――― ―――

聴覚でもゲシュタルト特性がみられるのか．

5 体性感覚の錯覚

視覚や聴覚以外の感覚においても錯覚現象がある．体性感覚に関する錯覚ではアリストテレスの錯覚が知られている．図14.18のように，右手あるいは左手の人差し指と中指を交差させ目をつぶった状態で，誰かに，人差し指の腹と中指の甲に触れるように棒を差し込んでもらう．このとき，棒が2本に感じられるというものだ．私たちは通常，1つのモノを2本の指でつかむとき，指の順序はそのままで，指の腹や甲，側面を使ってつかむ．この日常動作によって，その触感覚を記憶していく．しかし，右手の中指が人差し指の左下の位置で，人差し指の腹から左わきにかけてと中指の右わきから甲にかけてモノが接触するという，通常とは全く異なる状況では，モノが1つだけ存在するとは認められなくなる．類似の現象で，ねじれ唇の錯覚というものもある．これは，唇を閉じた状態で垂直に立てたペンを唇に触れると，1本のまっすぐなペンに感じられるが，図14.19のように手で上唇を右に下唇を左にずらして（または逆），垂直に立てたペンを唇に触れると，1本のペンには感じられない，もしくは斜めに傾いて感じられるというものだ．

また，皮膚感覚の錯覚として，図14.20のように金網を両手ではさんでこすると，手にすべすべでなめらかな触感が得られるベルベットハンド，図14.21のように，魚の骨のような形状の金属や木材の縦軸を，人差し指の腹部で縦方向になぞると，縦横同じ平面であるにもかかわらず，縦軸がくぼんでいるように感じられる，フィシュボーンタクタイルイリュージョンなどがあげられる．ベルベットハンドについては，金網部分を指が通過する際には金属との摩擦触感が得られるが，そこを通過してしまうと，両手の指が密着し相対的には動かないため，摩擦がゼロになりざらつきを感じなくなることによると考えられている．フィシュボーンタクタイルイリュージョンについて，日本の触覚研究者中谷らは，なぞる過程が皮膚表面の機械的変形過程と触覚信号処理過程の2段階に分かれていると考えた．まず，機械的変形過程で応力を知覚し（凹凸どちらも同じ応力），次の触覚信号処理過程で，隣接する領域には触覚が存在するが中央に表面を知覚しないために，凹状であると解釈することによるとしている．

体性感覚と視覚間の相互作用の錯視として，重量が同じ場合に体積が大きい方を軽いと錯覚する大きさ-重さ錯覚またはシャルパンティエ効果と呼ばれる現象がある．例えば，同じ重さの鉄の塊と発砲スチロールの塊をそれぞれ左右の手で持つと，鉄の塊の方が重く感じる（図14.22）．この現象は期

待モデルによって説明される．私たちは体積が大きいモノを見ると，それなりの重量をもっているのだろうと推測するが，実際にそれを持ってみると，はじめの予測値とのギャップにより軽く感じてしまうという説明だ．

また，木箱の名刺入れを2つ準備し，上の箱には名刺をいっぱいに入れ，下の箱には10枚だけ入れておく（中身は見えない）．上下重ねて2つの箱を指で持った後，上の箱だけを持ち上げると，2つの箱の場合よりも重く感じられる．この現象は容積−重さ錯覚もしくはコゼレフの錯覚と呼ばれている（図14.23）．これは，上の箱だけを持ち上げる際に，容積が半分であるからおそらく重さも箱2つの場合の半分だろうという推測が働くが，実際に持ってみると，想像していたよりもかなり重いために，より重いと感じてしまうことによる．これも期待モデルによって説明される．

図14.18	アリストテレスの錯覚

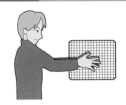

図14.19	ねじれ唇の錯覚

図14.20	ベルベットハンド

図14.21	フィシュボーンタクタイルイリュージョン

図14.22	大きさ−重さ錯覚

図14.23	容積−重さ錯覚

(1)　　　(2)

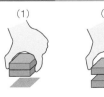

〈参考文献〉

● Chevreul, M. E. (1890). The principles of harmony and contrast of colours: and their applications to the arts George Bell and Sons, 1899. Edition: 3d ed.

● Kitaoka, A., & Ashida, H. (2003). Phenomenal characteristics of the peripheral drift illusion. *Vision*, *15*(4), 261-262.

● Lu, Z. L., & Sperling, G. (1996). Second-order illusions: Mach bands, chevreul, and Craik-O'Brien-Cornsweet. *Vision Research*, *36*(4), 559-572.

● Nakatani, M., Howe, R. D., & Tachi, S. (2006). The fishbone tactile illusion. *Proceedings of eurohaptics* (pp. 69-73).

● Nakayama, K., Shimojo, S., & Ramachandran, V. S. (1990). Transparency: Relation to depth, subjective contours, luminance, and neon color spreading. *Perception*, *19*(4), 497-513

● Rajaei, N., Kawabe, Y., Ohka, M., Miyaoka, T., Chami, A., & Yussof, H. B. (2012). Psychophysical experiments on Velvet Hand Illusion toward presenting virtual feeling of material. *International Journal of Social Robotics*, *4*(1), 77-84.

● 新井仁之，新井しのぶ（2012）．視覚の数理モデルと錯視図形の構造解析　心理学評論，Vol. 55, No. 3

● 石口彰（編），薬師神玲子，甲村 美帆（著）（2012）．認知心理学演習 視覚と記憶　オーム社

● 北岡明佳（2010）．錯視入門　朝倉書店

● 北岡明佳（1997）．錯視図形のオーバービュー　Vision, Vol. 9

● 北岡明佳（2007）．だまされる視覚　DOJIN選書

● 北岡明佳（2010）．知覚心理学　ミネルヴァ書房

● 北原義典（2009）．謎解き・人間行動の不思議　講談社

● 柏野牧夫（2012）．空耳の科学 だまされる耳，聞き分ける脳　ヤマハミュージックメディア，地区会館

● 柏野牧夫（2010）．音のイリュージョン　岩波書店

● 久方瑠美，村上郁也（2009）．静止画が動いてみえる錯覚の空間スケーリング　Vision, Vol. 21, No. 4

● 後藤倬男，田中平八（編）（2012）．錯視の科学ハンドブック　東京大学出版会

● 杉原厚吉（2012）．視図鑑　誠文堂新光社

● 仲谷正史，Howe, R. D. 舘暲（2008）．Fishbone Tactile Illusionを利用した触対象の凹知覚の研究　日本バーチャルリアリティ学会論文誌，Vol.13, No.1

● 松田隆夫（2000）．知覚心理学の基礎　培風館

脳

ある著名な脳科学者は,「私たちは脳だ」という.彼によれば,人が人と話しているのは,脳が脳と話しているということである.こうやって本を書いている筆者も脳であるし,読むみなさんも脳である.つまり,脳が脳に向けて本を書いている.本章では,ここまでとり上げてきたさまざまな認知機能と脳部位との関係について知る.また,脳内神経網の工学モデルであるディープニューラルネットワークについても解説する.この最終章を通じて,脳およびそこで繰り広げられるいろいろな認知機能の素晴らしさを実感されたい.

1 脳の構造

　人間の心的活動プロセスについて議論する際に，その処理施設である脳について考えることは必然である．**図15.1**のように，脳と脊髄は中枢神経系に属し，この中枢神経系と末梢神経系を合わせて神経系という．

　人間の脳は，**図15.2**に示すように，大脳，間脳，小脳，脳幹に大きく分けられる．大脳は，ほぼ対称な右半球と左半球が脳梁という橋でつながった形で構成されている．右半球と左半球とでは，機能が異なる．また，右半球は左半身を支配し，左半球は右半身を支配している．これを交差支配という．しかも，これら両支配は脳梁を通じた連携のうえに成り立っている．交差は視床にて行われている．日本の脳科学者久保田によれば，左右脳機能テストの結果や失語関連データなどから，左脳が言語優位であるという．なお，脳梁は約2億本の神経線維をもつことから，相当量の情報が左脳と右脳の間でやり取りされていることがうかがわれる．

　灰色で厚さ数mmの表皮部分は大脳新皮質と呼ばれ，精神機能の多くを担っている．脳には脳溝と呼ばれる多数のしわがあり，表面積を大きくしている．溝と溝の間の隆起した大脳新皮質部分を脳回という．大脳新皮質は，前頭葉，側頭葉，後頭葉，頭頂葉に分けられている．前頭葉と頭頂葉とは中心溝と呼ばれる大きな脳溝で，側頭葉と頭頂葉とは外側溝と呼ばれる大きな脳溝で区切られている．おおまかにいえば，側頭葉，後頭葉，頭頂葉は外界情報の処理，前頭葉はそれらの情報や記憶情報をもとに思考，判断，推論，感情抑制などの行動プログラムを担当する部位である（**図15.3**）．大脳は部位によって異なる機能を担っている（**機能局在**）が，各部位は関係し合っており，完全独立に機能しているわけではないことも指摘されている．その典型が15.4節で述べる連合野だ．

　大脳の内側で，扁桃体や海馬，帯状回を含み，間脳や脳幹を囲む領域を大脳辺縁系という．大脳辺縁系は，情動や記憶にかかわる部分である．

　間脳は，視床，視床下部などからなり，脳幹と一体化している．視床は，嗅覚を除く感覚情報を大脳皮質に伝え，視床下部は，自律神経やホルモンを調節する役割を果たす．小脳は，大脳からの指令を受け取り，手足，指など身体各部の運動器による運動機能の調整を行ったり，平衡感覚を維持したりすると考えられてきたが，最近，さまざまな神経部位と結びついて人間特有の高次機能を下支えする役割を果たしていることもわかってきている．さらに，情動の調整にも関与することが明らかになってきている．脳幹は，

呼吸や心拍，代謝，体温調整など，生命活動の基本的機能を請け負う．また，視覚情報や聴覚情報を大脳皮質に伝える中継機能も果たす．さらに，情動における身体反応に大きくかかわっていることもわかってきた．

　以上の脳機能と活動部位の関係をラフに示すと**図15.4**のようになる．

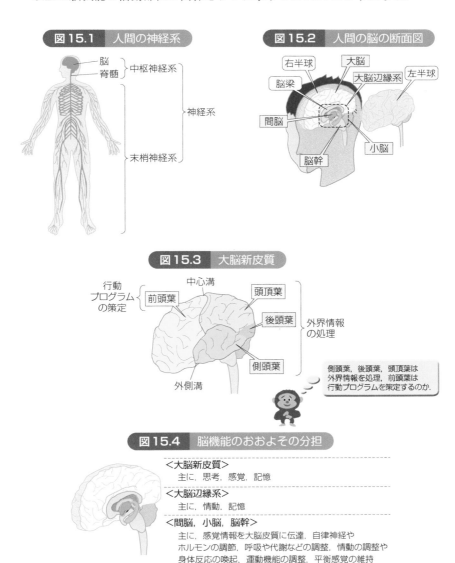

図15.1　人間の神経系

脳
脊髄
}中枢神経系

神経系

末梢神経系

図15.2　人間の脳の断面図

右半球　大脳
脳梁　大脳辺縁系　左半球
間脳
脳幹　小脳

図15.3　大脳新皮質

行動
プログラム
の策定

中心溝
前頭葉　頭頂葉
後頭葉
外界情報
の処理
側頭葉
外側溝

側頭葉，後頭葉，頭頂葉は
外界情報を処理，前頭葉は
行動プログラムを策定するのか．

図15.4　脳機能のおおよその分担

<大脳新皮質>
主に，思考，感覚，記憶

<大脳辺縁系>
主に，情動，記憶

<間脳，小脳，脳幹>
主に，感覚情報を大脳皮質に伝達，自律神経や
ホルモンの調節，呼吸や代謝などの調整，情動の調整や
身体反応の喚起，運動機能の調整，平衡感覚の維持

2 感覚と脳

　前節で，側頭葉，後頭葉，頭頂葉は外界の情報処理を担っていることを述べた．外界の情報は，目，耳などの感覚受容器から入力され，大脳皮質の，**視覚野**，**聴覚野**，**嗅覚野**，**味覚野**，**体性感覚野**に送られる．視覚野は後頭葉，聴覚野と味覚野は側頭葉付近，体性感覚野は中心溝に沿って存在する（**図15.5**）．嗅覚野は大脳辺縁系付近にあり，同図では見えない．これらの部位を総称して**感覚野**と呼ぶ．感覚情報は，これら感覚野で処理されてその感覚として受け取られるのだが，私たちは，目や耳，舌などの場所で感覚を得ているように錯覚する．これは，**感覚の投影**と呼ばれる現象である．

　視覚受容器から入った視覚情報は，**図15.6**のように，後頭葉にある視覚野V1に視神経を通じて送られ，局所的な色，形，奥行き，動きなどの基本情報を抽出した後，周辺のV2に伝えられる．V2では，V1からの断片情報を処理し，対象物の線分の傾きや色，形，奥行きなどが検出される．その後2つのルートに分かれて情報が伝わっていく．1つのルートは，頭頂葉に向かう**背側視覚経路**（V2-V3-V5）と呼ばれるパスで，行動のために利用される情報として伝えられる．他方のルートは，側頭葉に向かう**腹側視覚経路**（V2-V4）と呼ばれるパスで，入力情報が何であるかという認知に利用される情報として伝えられていく．V4には色の識別細胞があり，色の恒常性と関係する特性を示す．V5には動く光刺激に反応する細胞があり，動きの方向や速度などをとらえる．

　聴覚受容器から入った聴覚情報は，聴神経を通じて聴覚野に送られる．その伝送途中で，左右の情報の到達時間差や強度差によって音源位置を特定したり，周波数分析により音の韻律や音韻を特定したりする．

　音声言語の場合は，さらに，言語野に送られて認識処理が行われる．**図15.7**のように，言語にかかわる中枢には2種類あり，1つは前頭葉左側にある**ブローカ野**，もう1つは側頭葉聴覚野周辺の**ウェルニッケ野**である．ウェルニッケ野は，音声言語をはじめ視覚情報として入力された文字言語などの言語の意味を理解する役割を担っている．また，音楽の認知も行われることがわかってきている．一方のブローカ野は，音声言語を発話したり，文章を書いたりするなど言語を表出する際に重要な役割を果たす．したがって，発話や筆記などの運動中枢とも関係をもっている．上述のような理由から，ウェルニッケ野は感覚性言語野，ブローカ野は，運動性言語野とも呼ばれている．ウェルニッケ野とブローカ野は角回を通る**弓状束**という神経の束でつ

ながれている．しかしながら，これらの部位で音声言語がどのように処理されるのかについては詳細がわかっておらず，今後の解明が待たれる．

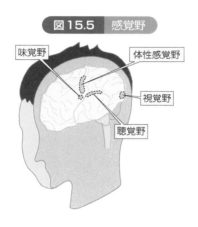

図15.5　感覚野

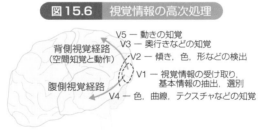

図15.6　視覚情報の高次処理

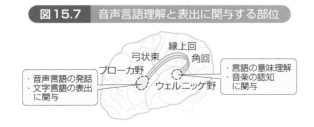

図15.7　音声言語理解と表出に関与する部位

4.4節で述べたように，長期記憶は，宣言的記憶と手続き的記憶に分けられる．宣言的記憶は，言語で表現できる知識の記憶であるが，脳においてこの宣言的記憶にかかわる部位は，海馬と大脳皮質である．

海馬は側頭葉の内側にあり，外からは見えない．海馬を損傷した患者が，昔のことは思い出せるが直近のことが覚えられなくなったことに端を発し，その後の数々の症例や動物実験から，海馬が記憶の定着化を担っているらしいということがわかってきた．感覚受容器から入力された情報は各感覚野で処理された後，この海馬に集められ，時間・空間に関して整理されて長期記憶に送るための取捨選択がなされる．アメリカの生理心理学者オルトンは，海馬を破壊すると，ある事象をいつ生じたのかという時間的文脈で記憶することができなくなることを，ラットを使った実験により確かめた．さらに，日本の脳科学者の渡邊は，海馬を破壊したラットを使った放射状迷路実験により，海馬が空間情報の記憶をつかさどることを確かめた．こういった実験から，海馬が時間的手がかりや空間的手がかりを記憶するらしいことがわかってきた．取捨選択された情報は，側頭葉新皮質に送られ，そこで長期記憶として定着することも明らかになってきた．特に，エピソード記憶では，アメリカの神経解剖学者の名前にちなんでパペッツ回路と呼ばれる「海馬→脳弓→乳頭体→視床前核→帯状回→海馬」の大脳辺縁系のループが，時間，空間，さらには情動までも含めた記憶としての記銘に重要な役割を果たしているらしいこともわかってきた（図15.8）．

泳ぎ方やくぎの打ち方など，言語での表現が困難な手続き的記憶にかかわる部位は，大脳基底核と小脳である．大脳基底核は，図15.9のように，間脳を取り巻くように存在する部位で，線条体，淡蒼球，視床下核，黒質などからなる（同図では視床下核と黒質は見えていない）．特に，線条体が行動に関する記憶をつかさどっていることが知られている．線条体は被殻と尾状核から構成されている．被殻が運動機能に，尾状核が感覚情報に基づく外界の認知にそれぞれ関係するといわれる．ただ，日常の技能習得の場面では，このような感覚情報と運動パタンとの連携だけでなく，報酬と運動パタンとの連携も考慮する必要があるという．報酬によって学習が進行する強化学習では，黒質緻密部ドーパミン細胞が期待した報酬量と実際に得られた報酬量の誤差に応じて興奮し，線条体，淡蒼球に作用して大脳皮質・基底核ループに行動プログラムが蓄積されていく（図15.10）．

図15.8　パペッツ回路

海馬

脳弓　　　　　　帯状回

乳頭体　→　視床前核

記憶の定着には，海馬が
重要な役割を果たしているのか.

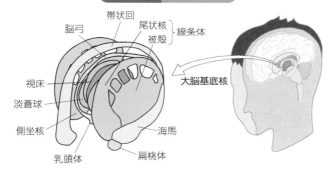

図15.9　大脳基底核

帯状回
脳弓
尾状核　}線条体
被殻
視床
淡蒼球
側坐核
乳頭体
扁桃体
海馬

大脳基底核

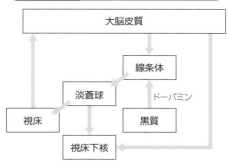

図15.10　大脳皮質・基底核ループ

大脳皮質

線条体

淡蒼球　　ドーパミン

視床　　黒質

視床下核

4 思考と脳

　大脳皮質では，直接担当する機能の決まっている部位以外に，連合野と呼ばれる領域がある．重要な役割を果たすのは，前頭連合野，側頭連合野，頭頂連合野の3つの連合野である（図15.11）．これらの連合野は各部位が処理する情報をさまざまに統合し，人間特有の高度な活動につなげている．前頭連合野は，他の領域からの情報を統合して思考や行動につなげる役割を果たす．側頭連合野は，視覚野や聴覚野からの感覚情報を統合して，対象物の認識，およびウェルニッケ野における言語の理解につなげる．頭頂連合野は，空間情報や体性感覚情報を統合し，空間や位置の認識，動作につなげる．

　高度な活動の中で思考を担う領域は，脳の中で最も発達している前頭連合野である．前頭連合野を損傷した患者では，論理性を要する課題や創造性を要する課題の解決が困難になることが知られている．前頭連合野は，感覚受容器から入力された情報や記憶されている知識を統合し，推論や問題解決，創造などの思考を行うという重要な役割を果たす．また，感情の抑制という理性をつかさどっているのもこの前頭連合野である．人間の前頭連合野の大脳に占める割合は30％であるのに対し，サルでは12％，イヌでは7％と，人間の前頭連合野の発達ぶりが際立っている．ブームになった脳トレも，前頭連合野を鍛えることを目的としたトレーニングプログラムであることはご承知のとおりである．

　アメリカの神経科学者ウォルツらは，前頭連合野損傷患者グループA，側頭連合野損傷患者グループB，健常者グループCとで，やや複雑な演繹推論と帰納推論の課題に対する正解率を調べた．ただし，これらのグループ間のIQには差がないように人選されている．その結果，図15.12のように，演繹推論課題では，グループA20％，グループB87％，グループC86％であった．帰納推論課題では，グループA11％，グループB89％，グループC86％であった．そのほかにも，PET（15.7節参照）を用いて，演繹推論では左前頭連合野下部，帰納推論では左前頭連合野上部が活性化することを確かめた研究があるが，fMRI（15.7節参照）を用いて，演繹推論では右前頭連合野下部，帰納推論では左前頭連合野上部が活性化するとした研究もある．

　ルールに従って判断する課題に，ウィスコンシンカード分類課題がある（図15.13）．これは，形，色，数によってカードを分類する課題であるが，前頭前野を損傷した患者では成績が低下するという．

また，戦略的に意思決定を行う課題に**アイオワギャンブル課題**がある（**図15.14**）．これは，2つのカードの山はハイリスクハイリターン，別の2つの山はローリスクローリターンで賞金がもらえるという条件で4つの山の中からカードを選んでいくという課題だが，アメリカの神経科学者ベシャーラらは，前頭前野腹内側部を損傷した患者が，いい戦略を立てられずに上手な意思決定ができなかったと報告している．

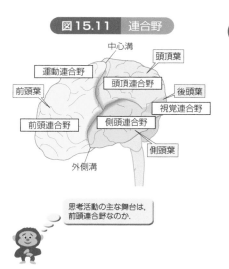

図15.11 連合野

中心溝
頭頂葉
運動連合野
頭頂連合野
前頭葉
後頭葉
視覚連合野
前頭連合野
側頭連合野
側頭葉
外側溝

思考活動の主な舞台は，前頭連合野なのか．

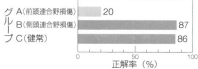

図15.12 脳の損傷部位と演繹・帰納推論課題成績

(1) 演繹推論課題

グループ	正解率（%）
A（前頭連合野損傷）	20
B（側頭連合野損傷）	87
C（健常）	86

正解率（%）

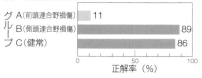

(2) 帰納推論課題

グループ	正解率（%）
A（前頭連合野損傷）	11
B（側頭連合野損傷）	89
C（健常）	86

正解率（%）

（ウォルツら文献［1999］をもとに筆者作成）

図15.13 ルールによる判断とウィスコンシンカード分類課題

形，色，数によってカードを分類させる

前頭前野損傷患者は低成績

図15.14 戦略的意思決定とアイオワギャンブル課題

ハイリスクハイリターンの2つの山と，ローリスクローリターンの2つの山からカードを選択させる

前頭前野腹内側部損傷患者は低成績

5 情動と脳

　ここでは，欲求や情動を生み出したり反応を喚起したりする脳の部位について みていく．15.1節で触れたように，大脳辺縁系が主に欲求や情動に関与する（図15.15）．私たちが生きていくうえで必要な食欲，睡眠欲，性欲などの本能的な欲求を生み出す場所は視床下部である．また，恐怖のように本能に近い情動は扁桃体が担っていることがわかってきている．欲求は情動発現のエネルギー源となっている．

　情動は，入力された刺激に対する評価，反応，行動のプロセスといえる．大脳辺縁系は，感覚受容器から感覚野を通ってきた情報を受け取り，評価を行う．情動には喜怒哀楽という言葉に代表されるもの以上にいろいろな種類があるが，大きく，快－不快の2つに分けることができる．快という情動にかかわる回路は報酬系，不快にかかわる回路は嫌悪系と呼ばれている．評価プロセスでは，側坐核や扁桃体が重要な役割を果たし，報酬，嫌悪に関しての判断を行う．特に，報酬系では側坐核が活動することが知られている．図15.16は，日本の認知神経科学者村上が示した，快/中立/不快シーンを実験協力者に見せたときの側坐核のfMRI（15.7節参照）による活動比較である．快シーンを見た直後に側坐核の活動強度（縦軸）が増すことがわかる．

　情動に関する評価を受けた後，その結果に対する身体反応や行動喚起に関与するのは，脳幹や視床下部である．視床下部は，内分泌系や自律神経系を制御し，身体の恒常性維持に大きな役割を果たしているが，さまざまなストレッサに対しては，血圧上昇や心拍数増加などそれぞれのストレス反応を喚起する．そして，脳幹のそれぞれの部位が評価結果に応じて活性化し，身体反応や行動反応を起こす．

　評価と反応，行動のプロセスを制御する回路は，図15.17のような「扁桃体→視床背内側核→前頭葉眼窩皮質後方→帯状回→扁桃体」というループであり，発見者の名前にちなんでヤコブレフ回路と呼ばれている．ヤコブレフ回路とパペッツ回路は，どちらも辺縁系にある扁桃体と海馬を介して情報のやり取りがなされている．これは，情動系と記憶系とが相互に深いかかわりをもつということを意味している．確かに私たちは，情動が強く働いたできごとはなかなか忘れられず，長く記憶に残るということをよく経験する．

　そのほか，最近の研究から，大脳基底核も情動に大きく寄与していることがわかってきた．15.3節で述べたように，大脳基底核は辺縁系の内側にあり，線条体，淡蒼球，視床下核などで構成される．主な役割は運動機能であ

るが，単なる手足の運動ではなく，感覚の情報や扁桃体からの評価結果を受け取り，嫌悪系刺激に対する回避行動などに関与しているとされる．

このように，情動に関する脳の各部位の関与については，まだまだ十分明確になったわけではなく，今後の研究の展開が待たれるが，単純に1つの部位が独立して働いているのではなく，いろいろな部位が互いに作用しあい，複合的に情動評価や反応喚起の処理を行っている．

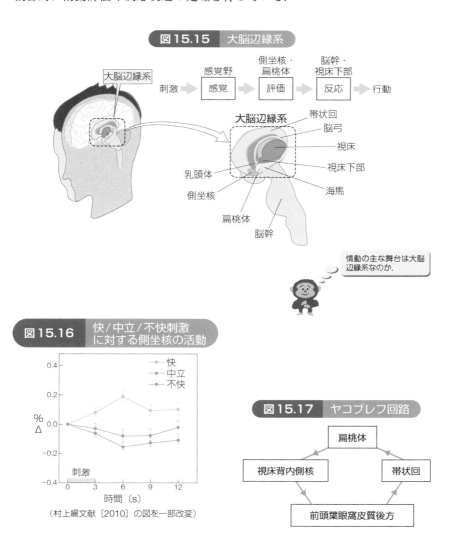

図15.15　大脳辺縁系

大脳辺縁系

感覚野 → 感覚　側坐核・扁桃体 → 評価　脳幹・視床下部 → 反応

刺激 → 感覚 → 評価 → 反応 → 行動

大脳辺縁系　帯状回
脳弓
視床
視床下部
乳頭体
海馬
側坐核
扁桃体
脳幹

情動の主な舞台は大脳辺縁系なのか．

図15.16　快/中立/不快刺激に対する側坐核の活動

快
中立
不快

%Δ

刺激

時間（s）

（村上編文献［2010］の図を一部改変）

図15.17　ヤコブレフ回路

扁桃体

視床背内側核　帯状回

前頭葉眼窩皮質後方

187

6 脳における信号の伝達

2.2節で述べたように，神経活動における信号処理の中心はニューロンである．脳においても信号処理はニューロンが担うが，人間の脳ではニューロンの数は数千億に及ぶ．図15.18に示すように，あるニューロンがいくつかのニューロンから信号を受け取るように結合しているパタンは収斂，あるニューロンから複数のニューロンに信号を送り出すように結合しているパタンは発散と呼ばれる．このように，脳内では極めて多数のニューロンが収斂や発散のパタンで結合し，複雑な神経回路網を形成して，それぞれが信号伝達を繰り返すことで，情報を処理している．

ニューロンに伝わった信号は神経終末部に達し，次のニューロンに信号を伝える．この時のニューロンとニューロンの結合部がシナプスである．シナプスを拡大すると，図15.19のように，ニューロン同士（シナプス前膜とシナプス後膜）は完全に密着しているわけではなく，わずかに隙間がある．この隙間をシナプス間隙という．シナプス前細胞の活動電位が神経終末部に達すると，Caチャンネルが開いてCa^{2+}が流入する．すると，それをトリガーにして，シナプス小胞から神経伝達物質（アセチルコリン，ドーパミン，セロトニン，ノルアドレナリンなど）が放出される．神経伝達物質は受容体に結合し，シナプス後膜の膜電位が変化して活動電位を生ずる．これがシナプス後電位だ．このように，電気信号が化学物質に，化学物質がまた電気信号へとバトンタッチし，伝達が続いていく．

2.2節で，前のシナプス終端に到達した信号が加算されてある閾値を超えると後のシナプス活動電位となると述べたが，この加算には，複数のシナプスから入力された信号の加算，すなわち空間的加重と，同一シナプスからある短い時間の範囲内に時間的にずれて入力された信号の加算，すなわち時間的加重とがある（図15.20）．時間的加重では，複数の前シナプスからある時刻tに同時に入力された信号S_1, S_2, …, S_nに対し，これらを加算した値を閾値と比較して，$S_1 + S_2 + \cdots + S_n \geqq$閾値であれば次のニューロンは活性化し，$S_1 + S_2 + \cdots + S_n <$閾値であれば次のニューロンは活性化しないことになる．強度の高い信号には複数の信号が高い頻度で現れる場合もあるため，時間的加重では，ある単一の前シナプスからある単位時間に次々と入力される信号S_{t1}, S_{t2}, …, S_{tn}に対し，上述と同様，$S_{t1} + S_{t2} + \cdots + S_{tn}$の値を閾値と比較して活性化の有無が決まるという考え方である．

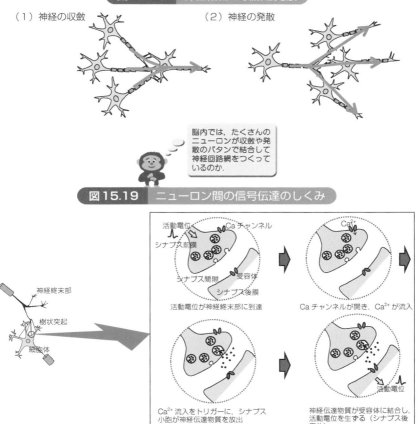

図15.18 神経結合の収斂と発散

（1）神経の収斂　　　　　　　　　（2）神経の発散

脳内では，たくさんの
ニューロンが収斂や発
散のパタンで結合して
神経回路網をつくって
いるのか.

図15.19 ニューロン間の信号伝達のしくみ

神経終末部

樹状突起

細胞体

活動電位　　Ca チャンネル
シナプス前膜

シナプス間隙
受容体
シナプス後膜

活動電位が神経終末部に達

Ca チャンネルが開き，Ca²⁺ が流入

Ca²⁺ 流入をトリガーに，シナプス
小胞が神経伝達物質を放出

神経伝達物質が受容体に結合し，
活動電位を生ずる（シナプス後
電位）

活動電位

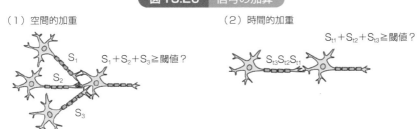

図15.20 信号の加算

（1）空間的加重　　　　　　　　　（2）時間的加重

$S_1 + S_2 + S_3 \geq$ 閾値？

$S_{t1} + S_{t2} + S_{t3} \geq$ 閾値？

S_1
S_2
S_3

$S_{t3} S_{t2} S_{t1}$

7 脳神経活動計測

脳神経活動計測技術，すなわち脳の神経活動に伴う信号を取り出す技術には，図15.21のように，脳に直接電極を差し込んで測定する侵襲型方式と，体外から間接的に測定する非侵襲型方式とがある．侵襲型は，神経細胞そのものから直接信号を計測するため，高速かつ高精度な計測が行えるが，身体を傷つける可能性があり，日本では特定の臨床場面を除いては人間への適用が禁止されている．一方の非侵襲型は，侵襲型に比べて安全性が高いため人間を使って多くの研究がなされている．主な非侵襲型計測法には，以下のような方法がある．

（1）脳磁図計測法（MEG：Magnetoencephalography）：ニューロンが活動する際に電位差で起こる電流に対して右ネジ方向に生じる磁場を，超電導素子で検出する（図15.22）．

（2）脳波計測法（EEG：Electroencephalogram）：ニューロンの活動電位の時間的変化を，頭皮上の複数の電極を用いて脳波として記録する（図15.23）．脳の安静時には，脳波の周波数成分の中でも8～13 Hzのα波が優勢となり，活動時には13 Hz以上のβ波が優勢となる．

（3）機能的磁気共鳴画像法（fMRI：functional Magnetic Resonance-Imaging）：まず，磁場を生じさせると，水素原子核が一定方向に向く．これに電波を照射すると，原子核が別の一定方向に向くが，電波照射を中止すると原子核の向きが戻る（図15.24）．その際に生じる微電流（MR信号）は脳神経が活動する際に増える．これは，脳活動に伴い磁化率の高いデオキシヘモグロビンの濃度が変化するためである．このBOLD効果を利用し画像を構成する．

（4）近赤外線分光法（NIRS：Near-Infrared Spectroscopy）：脳神経が活動する際の血流変化を，血液中のヘモグロビンが赤外線を吸収する性質であることを利用して計測する．つまり，脳が活動することによって血液量が増えると，ヘモグロビン濃度が上昇するので検出される赤外線の量が減少する（図15.25）．

そのほか，PET（Positron Emission Tomography）と呼ばれる血流量計測方式もある．PETは，腫瘍細胞が正常細胞に比べて多くのブドウ糖を消費する性質を利用し，ブドウ糖に似た薬に微弱な放射能を出すポジトロン核種を組み込み，体内での集まり具合をγ線検出器で観測するものだが，トレーサに^{15}Oなどを使うことで脳血流測定にも利用される．これらの脳神経活

動計測技術の広がりと進歩で，脳と認知機能との関係解明は大きく前進した．しかしながら，脳研究はまだ端緒についたばかりで解明されていないことが多く，さらなる進展に期待が集まる．

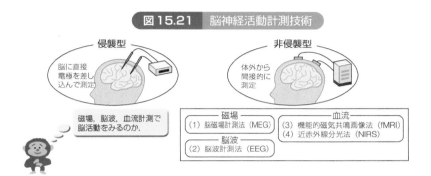

図15.21　脳神経活動計測技術

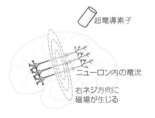

図15.22　脳磁場計測法の原理

ニューロンが活動したときに起こる電流に対して
右ネジ方向に生じる磁場を，超電導素子で検出

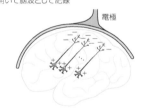

図15.23　脳波計測法の原理

ニューロンの活動電位を頭皮上の複数の電極を
用いて脳波として記録

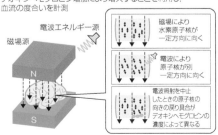

図15.24　機能的磁気共鳴画像法の原理

静磁場にある水素原子核の特定周波数の電波に対する MR 信号が
デオキシヘモグロビン増加により増大することを利用し，
血流の度合いを計測

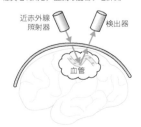

図15.25　近赤外線分光法の原理

血液中のヘモグロビンが赤外線を吸収する
性質を利用し，血流の度合いを計測

8 ディープラーニング

昨今，さまざまな分野で機械学習による予測，判断のAI支援が急拡大しているが，これらAI技術の核はディープラーニングだ．ディープラーニングは，ニューラルネット（神経回路網）の発展形である．ニューラルネットは脳内神経網をコンピュータ上で具現化した近似モデルで，人間の脳における判断処理機構に類似しているとされる．基本要素は，前ニューロンから伸びた軸索がシナプスで結合した状態をモデル化した形式ニューロンだ（図15.26）．

ニューラルネットは，入力層と出力層，そして間にいくつかの中間層をもつ．図15.27のように，その中間層が多層化されているものがディープニューラルネットワークだ．層が多いために何度も判断と補正を繰り返してシナプス結合強度としての重みを調整でき，高い識別精度が得られる．入力層には，対象とするパタンの信号を入力する．例えば，文字画像や写真ではメッシュに区切った各画素の濃淡情報だったり，音声では周波数成分ごとの強度だったりといった，パタン全体の信号を入力する．各層の丸印と矢印が形式ニューロンである．各ニューロンは，接点のある前ニューロンからの信号をすべて受け取り，最終的な入力値を算出する．最終入力値は，一般的に，入ってきた値の加重和にバイアスを加えた値とする（図15.28）．バイアスは活性化を促進したり抑制したりするための定数である．その後この最終入力値から出力信号の値を算出し，次のニューロンに送る．出力信号の計算には，活性化関数として，図15.29（1）のようなステップ関数や同図（2）のシグモイド関数が使われたが，最近では，学習の安定につながる同図（3）のReLU関数が使われることも多い．出力層は，判断や認識の結果を出力する層だ．このようにして各ニューロンがシナプス結合して学習を進めていく．

例として，手書き数字の認識を考える．まず，図15.30（1）のように，2と書かれた数字画像の各画素の濃度を入力し，最終的に出力層で2に対応する出力が最大になるように，ここにつながるニューロンの重みを決定する．次に，同図（2）のように，例えば別途3と書かれた数字画像に対して，3に対応する出力が最大になるように重みを決めるが，このときに先ほどの2の数字画像を入力した場合にはやはり2が出るようにもしなければならない．このようにして，次々と入力画像に対して正しい出力信号が最大になるように，すべての重みが自動調整され学習されたディープニューラルネットワークができあがる．そして，この学習済みのネットワークを使って，同図（3）のように，新たに数字画像の認識を行う．

| 図15.26 | ニューロン/シナプスのモデル化 |

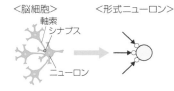

<脳細胞>　　　　　<形式ニューロン>
軸索
シナプス
ニューロン

| 図15.27 | ニューラルネットを多層化したディープニューラルネットワーク |

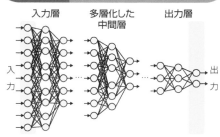

入力層　　多層化した中間層　　出力層

入力　　　　　　　　　　　　　　　出力

| 図15.28 | 出力信号値の算出 |

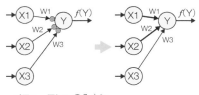

<ニューロンへの入力>
$Y = \alpha + W1 \cdot X1 + W2 \cdot X2 + \cdots + Wn \cdot Xn$
α: バイアス

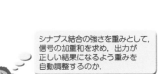

シナプス結合の強さを重みとして,
信号の加重和を求め,出力が
正しい結果になるよう重みを
自動調整するのか.

| 図15.29 | 活性化関数の例 |

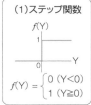

(1)ステップ関数

$f(Y)$

$f(Y) = \begin{cases} 0 & (Y < 0) \\ 1 & (Y \geqq 0) \end{cases}$

(2)シグモイド関数

$f(Y)$

$f(Y) = \dfrac{1}{1 + \exp(-Y)}$

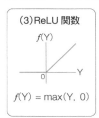

(3)ReLU 関数

$f(Y)$

$f(Y) = \max(Y, 0)$

| 図15.30 | ディープニューラルネットワークを用いた数字画像認識の例 |

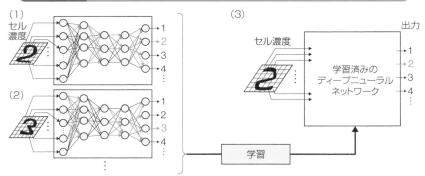

(1)
セル濃度

(2)

(3)

セル濃度

学習済みのディープニューラルネットワーク

出力

学習

〈参考文献〉

● Bechara, A., Damasio, A. R., Damasio, H., & Anderson, S. W. (1994). Insensitivity to future consequences following damage to human prefrontal cortex. *Cognition, 50*, 1-3.

● Olton, D. S. (1986). Hippocampal function and memory for temporal context. *The hippocampus* (pp. 281-298), Springer, Boston, MA.

● Tsuboi, M., van der Bijl, W., Kopperud, B.T., Erritzoe, J., Voje, K.L., Kotrschal, A., Yopak, K.E., Collin, S.P., Iwaniuk, A.N., and Kolm, N. (2018) Breakdown of brain-body allometry and the encephalization of birds and mammals. Nature Ecology & Evolution, *2*(9), 1492-1500.

● Waltz, J. A., Knowlton, B. J., Holyoak, K. J., Boone, K. B., Mishkin, F. S., de Menezes Santos, M., … & Miller, B. L. (1999). A system for relational reasoning in human prefrontal cortex. *Psychological science, 10*(2), 119-125.

● カールソン・N. R.（著），泰羅雅登，中村克樹（監修，翻訳）(2013)．カールソン神経科学テキスト 脳と行動 第4版 丸善出版

● 新星出版社編集部（編）(2007)．徹底図解 脳のしくみ―脳の解剖から心のしくみまで 新星出版社

● 大久保智紗，小川俊樹（2011)．不快情動体験過程に関する神経心理学的研究の動向 筑波大学心理学研究，第41号

● 苧阪満里子（2002)．ワーキングメモリ―脳のメモ帳 新曜社

● 岡本仁（2016)．ロボットは心の友になれるのか？―脳科学研究が人工知能にもたらせること― 人工知能，31巻，5号

● 川人光男（2002)．小脳の学習と内部モデル（眼球運動を題材に）日本神経回路学会誌，Vo.9, No.2

● 菅田陽怜，平田雅之（2016)．脳神経が活動する際の血流変化を磁場や光を利用して計測する方法 理学療法学，Vol.43, No.6

● 久保田競（2010)．手と脳 増補新装版 紀伊國屋書店

● 久保田競（編）．松波謙一，桜井芳雄，船橋新太郎（著）(2011)．記憶と脳 サイエンス社

● 巣籠悠輔（2019)．詳解ディープラーニング 第2版 マイナビ出版

● 高木繁治（監）(2010)．脳のしくみ―脳の基本構造から記憶のあり方まで 主婦の友社

● 高草木薫（2009)．大脳基底核による運動の制御 臨床神経学，49巻，6号

● 丹治順（2013)．頭頂連合野と運動前野はなにをしているのか？ 理学療法学，第40巻，第8号

● 箱田裕司，都築誉史（2010)．認知心理学（New Liberal Arts Selection）有斐閣

● 平原達也（2010)．音を聴く聴覚の仕組み 日本音響学会誌，66巻，97

● 牧敦（2006)．光トポグラフィの点と線 日立評論，Vol. 88, No.5

● 松尾太加志（2018)．認知と思考の心理学 サイエンス社

● 村上郁也（編）(2010)．イラストレクチャー 認知神経科学 オーム社

● 渡邊正孝（2005)．思考と脳―考える脳のしくみ サイエンス社

● 渡邊正孝（1994)．記憶・学習行動と脳 岩波講座・認知科学 第5巻：記憶と学習

著者紹介

きたはらよしのり
北原義典

1955年静岡県生まれ．1979年広島大学総合科学部情報行動科学コース卒業，1981年同大学院修士課程修了，1996年東京大学大学院工学系研究科にて博士号取得．博士（工学）．1981年（株）日立製作所入社．以来，同中央研究所，および（株）ATR視聴覚機構研究所にて聴覚，音声言語情報処理，音声インタフェース，感性情報処理，ユーザビリティの研究に従事．2014年東京農工大学大学院工学府産業技術専攻教授．2021年同大学名誉教授．東京都立大学，法政大学，および，拓殖大学非常勤講師を兼任．著書に『謎解き・人間行動の不思議』，『なぜ，口べたなあの人が，相手の心を動かすのか？』，『はじめての技術者倫理』，『イラストで学ぶヒューマンインタフェース』（いずれも講談社）がある．

NDC141　207p　21cm

イラストで学ぶ　認知科学
（イラストでまなぶ　にんちかがく）

2020年11月26日　第1刷発行
2023年8月3日　第5刷発行

著　者	きたはらよしのり 北原義典	
発行者	髙橋明男	
発行所	株式会社　講談社	
	〒112-8001　東京都文京区音羽2-12-21	
	販売	（03）5395-4415
	業務	（03）5395-3615
編　集	株式会社　講談社サイエンティフィク	
	代表　堀越俊一	
	〒162-0825　東京都新宿区神楽坂2-14　ノービィビル	
	編集	（03）3235-3701
印刷・製本	株式会社KPSプロダクツ	

KODANSHA

Printed in Japan
ISBN 978-4-06-521518-0